MW01252724

De: _Joe Rraposo_

Para: _Antonio Rraposo_

Querido Jesus

Busque a luz de Jesus para sua vida

Querido Jesus

Sarah Young
Autora de *O chamado de Jesus*

Thomas Nelson Brasil

2012

Título original
Dear Jesus

Copyright da obra original © 2007 por Sarah Young
Edição original por Thomas Nelson, Inc. Todos os direitos reservados.
Copyright da tradução © Vida Melhor Editora S.A., 2012.

Publisher	*Omar de Souza*
Editor responsável	*Renata Sturm*
Produção editorial	*Thalita Aragão Ramalho*
Adaptação de capa	*Josias Finamore*
Tradução	*Francisco Nunes*
Copidesque	*Fernanda Silveira*
Revisão	*Clarisse Cintra*
	Mariana Moura
Diagramação e projeto gráfico	*Ars Lettera*

CIP-BRASIL. CATALOGAÇÃO-NA-FONTE
SINDICATO NACIONAL DOS EDITORES DE LIVROS, RJ

Y71q

Young, Sarah, 1946-
    Querido Jesus: busque a luz de Jesus para sua vida / Sarah Young;
[tradução Francisco Nunes]. - Rio de Janeiro: Thomas Nelson Brasil,
2012.

    Tradução de: Dear Jesus
    ISBN 978-85-7860-335-9

    1. Devoções diárias. 2. Literatura devocional. I. Título.

12-7847.   CDD: 242.2
                                                     CDU: 242

Thomas Nelson Brasil é uma marca licenciada à Vida Melhor Editora S.A.
Todos os direitos reservados à Vida Melhor Editora S.A.
Rua Nova Jerusalém, 345 – Bonsucesso
Rio de Janeiro – RJ – CEP 21402-325
Tel.: (21) 3882-8200 – Fax: (21) 3882-8212 / 3882-8313
www.thomasnelson.com.br

A Jesus,
a luz do mundo,
que me chamou
das trevas em direção
à sua maravilhosa luz,
para anunciar
suas grandezas!

Introdução

Querido Jesus surgiu de minhas lutas pessoais — com circunstâncias, com pessoas e com Deus. Ao longo dos anos tenho enfrentado vários problemas de saúde e cirurgias. Vivi muitos tipos de situação e estive em lugares nos quais minhas forças se mostraram irrelevantes e minhas fraquezas, evidentes. Tivesse minha vida sido mais fácil, eu poderia não ter escrito este livro.

Boa parte da primeira década de meu casamento foi passada no Japão, onde eu era, de fato, "um pino quadrado em um buraco redondo". Despojada de meus apoios culturais, descobri uma enorme carência dentro de mim. Também vim a perceber que as *pessoas* eram insuficientes para atender todas as minhas necessidades. Por ser cristã, por fim voltei-me com sinceridade para meu Senhor vivo. Busquei conhecê-lo mais intimamente e me tornei cada vez mais consciente de sua contínua presença.

Meu primeiro livro devocional, *O chamado de Jesus*,[1] brotou de escritos esparsos de meus momentos de concentração focada em Jesus: esperando em sua presença, ouvindo em minha mente suas orientações. Conforme ouvia e escrevia, eu continuamente pedia a ajuda do Espírito Santo.

Muitos anos depois de começar essa aventura de ouvi-lo, organizei alguns dos escritos na forma de leituras diárias. A disposição que dei à maior parte dos textos parecia um tanto aleatória, mas pessoas que leram *O chamado de Jesus* têm-me dito por diversas vezes que os escritos designados para dias específicos do ano falam exatamente às necessidades e circunstâncias dos leitores naqueles dias.

Por fim, percebi que *Deus* havia preparado todos os detalhes, cumprindo seus amplos propósitos de maneiras que exibiam sua infinita inteligência. Ao ponderar sobre seus insondáveis caminhos, meu coração ressoa com as palavras do apóstolo Paulo: "Ó profundidade da riqueza da sabedoria e do conhecimento de Deus! Quão insondáveis são os seus juízos e inescrutáveis os seus caminhos!" (Romanos 11:33).

Escrevi *Querido Jesus* ouvindo Deus, a partir do mesmo método que usei para escrever *O chamado de Jesus*. Continuo a escrever com a ajuda do Espírito de Cristo, o qual guia meu pensamento enquanto eu o ouço em sua presença. Creio que a Bíblia é a única e infalível Palavra de Deus. Meus escritos são fundamentados nesse padrão absoluto, e tento assegurar-me de que são consistentes com as Escrituras.

Os devocionais em *Querido Jesus* são estruturados como um diálogo. Cada leitura tem três seções. A primeira e a terceira parte são escritas sob a perspectiva de Jesus, enquanto a segunda parte é minha resposta pessoal. Isso é uma expressão genuína de minhas lutas e meus anseios reais. No entanto, não representa apenas a mim, mas também a outros que buscam crescer na intimidade com Cristo. Como você está lendo este livro, considero que esteja entre os que buscam.

O formato de diálogo foi pensado para ajudá-la a aprofundar seu relacionamento com Jesus, levando mais e mais aspectos de sua vida a ele. Quando escrevo no meu diário, frequentemente percebo ser útil derramar meu coração para Deus antes de esperar silenciosamente em sua presença. Isso remove os pesos de mim. Assim, sou mais capaz de ouvi-lo, e o ouço melhor quando lhe apresento preocupações específicas.

Acredito que as questões que apresento em *Querido Jesus* são bem próximas das suas também. Eu incluí um índice de temas no livro para ajudá-la a ler o que é especificamente relevante para suas circunstâncias e lutas atuais.

Muitos devocionais de *Querido Jesus* começam com breves passagens de *O chamado de Jesus.* Escolhi porções instigantes que convidassem você a mergulhar na busca por tesouros a desvendar. Alguns devocionais começam com passagens da Bíblia ou de meus escritos anteriores ainda inéditos. Cada leitura diária é seguida de algumas referências bíblicas escritas para você.

Quero que saiba que cada leitor é muito importante para mim. Oro diariamente por todas as pessoas que estão lendo *O chamado de Jesus*, e, agora que *Querido Jesus* está sendo publicado, também oro pelos leitores deste livro.

Meu ardente desejo é que nosso Senhor use *Querido Jesus* poderosamente em sua vida, atraindo você para mais perto dele, abençoando-o com a alegre consciência de sua presença.

Sarah Young

"Eu sou a
luz do mundo.
Quem me segue,
nunca andará em
trevas, mas terá a
luz da vida."
– João 8:12

> *Eu, que amo sua alma, entendo você perfeitamente*
> *e amo eternamente.*

Querido Jesus,

sou grata porque é a minha alma que tu amas, não a minha aparência ou o que sou capaz de fazer. Com muita frequência, estou insatisfeita com essas coisas, especialmente quando faço delas meu foco. Estou agradecida por teu entendimento perfeito, já que por vezes me sinto mal compreendida ou simplesmente ignorada. Ajuda-me a experimentar de modo mais completo teu amor compassivo e constante.

Amada, repouse em minha presença de amor. Deixe que a luz de meu amor se espalhe por todo o seu ser. Descanse profundamente enquanto eu massageio seus pensamentos e sentimentos, ajudando-a a mudar seu foco de si mesma para mim. Pare de lutar e reconheça que eu sou Deus. Eu criei você para me conhecer, desfrutar de mim e centrar sua vida em mim.

Há muitos ídolos no mundo, coisas para as quais você se volta quando quer se sentir melhor com si mesma: comida, entretenimento, atividade física, controle sobre alguém ou algo. No entanto, nenhuma dessas coisas pode abrandar a sede de sua alma, que anseia apenas por mim. Os idólatras substitutos podem suprimir seu apetite por mim, principalmente por distraí-la, mas eles não satisfazem. Quando você tiver aquela sensação de desgaste na alma, volte-se para mim. Sua alma será satisfeita com um rico banquete.

"Embora os montes sejam sacudidos e as colinas sejam removidas, ainda assim a minha fidelidade para com você não será abalada, nem será removida a minha aliança de paz", diz o Senhor, que tem compaixão de você.
Isaías 54:10

Parem de lutar! Saibam que eu sou Deus! Serei exaltado entre as nações, serei exaltado na terra.
Salmos 46:10

Ó Deus, tu és o meu Deus, eu te busco intensamente; a minha alma tem sede de ti! [...] Quero contemplar-te no santuário e avistar o teu poder e a tua glória. O teu amor é melhor do que a vida! Por isso os meus lábios te exaltarão. Eu te bendirei enquanto viver, e em teu nome levantarei as minhas mãos. A minha alma ficará satisfeita como de rico banquete; com lábios jubilosos a minha boca te louvará.
Salmos 63:1-5

> A cada momento você pode escolher praticar minha presença
> ou praticar a presença dos problemas.

Querido Jesus,
tu sabes como busco praticar tua presença de modo mais constante. Quando mantenho meu foco em ti, minha perspectiva sobre todas as coisas fica mais clara, mais alegre. Quando estou preocupada com problemas, sinto-me sobrecarregada e ansiosa. No entanto, o comportamento padrão de minha mente parece ser resolver problemas. Meus pensamentos tendem a vagar para achar o que está errado e tentar resolver isso. Quero me livrar desse comportamento que me fere, mas ele está profundamente enraizado no meu ser.

Amada, venha para mim e descanse em minha suficiência. Pare de tentar consertar a si mesma focando em seus erros. Lembre que o mundo em que habita é caído e que você é parte dessa imperfeição. Você não pode mais praticar minha presença perfeitamente tanto quanto não pode salvar-se de seus pecados. Em um mundo caído, seu comportamento padrão está manchado pelo pecado. No entanto, você está sendo transformada e renovada por meu Espírito dentro de si.

Colabore comigo enquanto trabalho para libertá-la das coisas que a ferem. Veja cada momento como uma oportunidade nova para se aproximar de mim. Eu a recebo de braços abertos.

16

Venham a mim, todos os que estão cansados e
sobrecarregados, e eu lhes darei descanso.
Mateus 11:28

Não se amoldem ao padrão deste mundo, mas transformem-
se pela renovação da sua mente, para que sejam capazes de
experimentar e comprovar a boa, agradável
e perfeita vontade de Deus.
Romanos 12:2

Sonda-me, ó Deus, e conhece o meu coração; prova-me, e
conhece as minhas inquietações. Vê se em minha conduta
algo que te ofende, e dirige-me pelo caminho eterno.
Salmos 139:23,24

> *Estou treinando você para manter em seu coração um foco duplo: minha presença contínua e a esperança dos céus.*

Querido Jesus,
não há consolo mais profundo do que saber no coração que tu estás comigo sempre: aqui na Terra e, por toda a eternidade, nos céus. Conheço essa grande verdade em minha mente há anos. No entanto, meu coração é fraco e se inclina a buscar outros deuses. Somente quando teu Espírito me ajuda é que posso compreender a grandiosidade de tua presença comigo para sempre.

Amada, confie em mim para fazer em você o que nunca poderá fazer por si mesma. Eu estou de fato com você, observando-a onde quer que esteja, onde quer que vá. Simplesmente aceite minha presença com você como realidade, a mais profunda realidade. Edifique sua vida sobre essa verdade absoluta, que é como construir sua casa sobre uma rocha.

Seu coração e sua mente *poderão* vagar para longe de mim, mas meu Espírito em você vai relembrá-la de voltar. Peça que o Espírito Santo a ajude. Ele se deleita em ser seu ajudador.

Alegre-se porque eu estou com você não somente nesta vida, mas também na que virá. Deixe a promessa dos céus inundar seu coração com minha presença eterna!

Antonio Raposo

3D

room S17

Estou com você e cuidarei de você, aonde quer que vá;
e eu o trarei de volta a esta terra. Não o deixarei
enquanto não fizer o que lhe prometi.
Gênesis 28:15

Quem ouve estas minhas palavras e as pratica é como um
homem prudente que construiu a sua casa sobre a rocha.
Mateus 7:24

Eu pedirei ao Pai, e ele lhes dará outro Conselheiro para
estar com vocês para sempre, o Espírito da verdade.
O mundo não pode recebê-lo, porque não o vê nem o
conhece. Mas vocês o conhecem, pois ele vive com
vocês e estará em vocês.
João 14:16,17

Na casa de meu Pai há muitos aposentos; se não fosse assim,
eu lhes teria dito. Vou preparar-lhes lugar. E se eu for e lhes
preparar lugar, voltarei e os levarei para mim, para que
vocês estejam onde eu estiver.
João 14:2,3

> *Não tema sua fraqueza, pois ela é o palco no qual meu poder*
> *e minha glória são demonstrados mais gloriosamente.*

Querido Jesus,
quero estar disponível para mostrar teu poder e tua glória. Porém, sinto-me mais como uma plataforma despedaçada e inacabada que como um palco completo e pronto para o uso. Eu posso nem mesmo ser segura o suficiente para tu te manifestares, uma vez que muitas de minhas tábuas não estão pregadas de modo adequado.

Querida, não importa quão pronta possa estar, você nunca será boa o suficiente para a manifestação de minha santidade radiante. No entanto, eu escolhi você para refletir minha glória, a despeito de suas imperfeições. Além disso, sua fraqueza é o palco ideal para a exibição do meu poder. Sua parte nesse palco é olhar para além de si mesma e encarar fixamente para o meu maravilhoso esplendor. Esqueça-se de sua indignidade e deleite-se em meu glorioso ser. Observe enquanto eu faço coisas grandiosas por você.

Ele me disse: "Minha graça é suficiente para você, pois o meu poder se aperfeiçoa na fraqueza." Portanto, eu me gloriarei ainda mais alegremente em minhas fraquezas, para que o poder de Cristo repouse em mim.
2Coríntios 12:9

Todos nós, que com a face descoberta contemplamos a
glória do Senhor, segundo a sua imagem estamos sendo
transformados com glória cada vez maior, a qual
vem do Senhor, que é o Espírito.
2Coríntios 3:18

Quem entre os deuses é semelhante a ti, SENHOR? Quem é
semelhante a ti? Majestoso em santidade, terrível em feitos
gloriosos, autor de maravilhas?
Êxodo 15:11

Deleite-se no SENHOR, e ele atenderá aos desejos
do seu coração.
Salmos 37:4

Eu sou o firme fundamento sobre o qual você pode dançar, cantar e celebrar minha presença.

Querido Jesus,
desejo dançar para ti, cantar louvores a ti e celebrar tua presença continuamente. No entanto, na maior parte do tempo, sinto-me presa à terra e sobrecarregada. Adorar-te requer o envolvimento pleno de todo meu ser — algo em que me deleito e ao que, no entanto, ainda resisto. Ensina-me como celebrar-te de modo mais constante e abundante.

Amada, comece por demorar-se em minha pacífica presença. Quando descansar em meus braços eternos, sinta quão salva e segura você está. Eu sou, de fato, a rocha sólida do fundamento sobre a qual você pode viver exuberantemente. Dançar, cantar e orar são meios pelos quais você pode expressar seu deleite em mim.

Minha presença irradia alegria de modo vasto e imensurável! Quando você me louva, sua alegria aumenta, bem como sua consciência de minha presença santa. Seu corpo pode estar poderosamente envolvido nessa iniciativa ou não, mas eu vejo seu coração. É ali que a celebração por excelência de minha presença acontece.

O Deus eterno é o seu refúgio,
e para segurá-lo estão os braços eternos.
Deuteronômio 33:27

Tu me farás conhecer a vereda da vida, a alegria plena da tua
presença, eterno prazer à tua direita.
Salmos 16:11

Davi, vestindo o colete sacerdotal de linho, foi dançando
com todas as suas forças perante o SENHOR.
2Samuel 6:14

O SENHOR, contudo, disse a Samuel:
"Não considere a sua aparência nem sua altura,
pois eu o rejeitei. O SENHOR não vê como o homem:
o homem vê a aparência, mas o SENHOR vê o coração."
1Samuel 16:7

> *Cada vez que me agradece, você reconhece que sou seu*
> *Senhor e Provedor. Essa é a atitude adequada para*
> *um filho de Deus: receber com ação de graças.*

Querido Jesus,
eu sei que deveria dar graças em todas as circunstâncias. Mas, por vezes, minhas palavras soam vazias: eu posso pronunciá-las sem me sentir nem um pouquinho grata. É especialmente difícil para mim ser grata em um dia ruim, quando tudo parecer estar dando errado.

Amada, eu sei o que se passa em seu coração muito melhor do que você. Sei quando você se sente grata e quando não se sente. Também posso ver nas profundezas de seu coração um desejo de me agradar ao oferecer ações de graças mesmo quando não se sente agradecida.

Quando você se esforçar para ser grata, pare e lembre que EU SOU o autor de sua vida e de sua fé. Você é completamente dependente de mim para tudo, incluindo seu próximo suspiro. Cada boa dádiva é dada por mim!

Quando me agradece durante um dia difícil, você está assumindo a atitude adequada para um filho de Deus. Se você perseverar nessa gratidão, resistindo à tentação de murmurar, encontrará alegria e paz no meio de suas lutas.

Deem graças em todas as circunstâncias, pois esta é a
vontade de Deus para vocês em Cristo Jesus.
1Tessalonicenses 5:18

Vocês mataram o autor da vida, mas Deus o ressuscitou dos
mortos. E nós somos testemunhas disso.
Atos 3:15

Toda boa dádiva e todo dom perfeito vêm do alto,
descendo do Pai das luzes, que não muda
como sombras inconstantes.
Tiago 1:17

Portanto, já que estamos recebendo um Reino inabalável,
sejamos agradecidos e, assim, adoremos a Deus de
modo aceitável, com reverência e temor.
Hebreus 12:28

Milagres não são sempre visíveis a olho nu, mas aqueles que vivem pela fé podem vê-los claramente. Viver pela fé, e não pelo que você vê, capacita-a a ver minha glória.

Querido Jesus,
eu quero ver tua glória! Por favor, dá-me olhos que saibam avaliar, para que, assim, eu possa reconhecer milagres quando os vir. Ajuda-me a ser cada vez mais consciente de ti, vivendo pela fé, não pelo que vejo.

Amada, venha para o brilho de meu amor-luz. Deixe minha presença curadora nutrir e renovar você. Contente-se com uma vida simples e sossegada. Em lugar de agitar-se, tentando fazer as coisas acontecerem, espere para ver o que estou fazendo. Eu estou trabalhando em muitas áreas de sua vida muito antes de você poder perceber os resultados. Confie em mim esperando pacientemente, aceitando cada momento como uma dádiva minha. Quando chegar o tempo, você verá os resultados da obra de minhas mãos. Você poderá até mesmo ter um vislumbre de minha glória. Não tente manter os momentos de glória. Apenas desfrute-os de modo grato; então, libere-os de volta para mim.

Viva hoje o que será viver comigo nos céus, onde minha glória será sua experiência contínua, iluminando sua vida para sempre. Olhe para a radiante perfeição que está esperando por você, mas lembre que o mundo em que habita é profundamente caído. Viver pela fé a capacita a aceitar a desolação do mundo, ao mesmo tempo que permanece aberta para ver meus gloriosos milagres.

Disse-lhe Jesus: "Não lhe falei que, se você cresse,
veria a glória de Deus?"
João 11:40

Porque vivemos por fé, e não pelo que vemos.
2Coríntios 5:7

SENHOR, em ti espero; tu me responderás,
ó SENHOR meu Deus!
Salmos 38:15

A cidade não precisa de sol nem de lua
para brilharem sobre ela, pois a glória de Deus a ilumina,
e o Cordeiro é a sua candeia.
Apocalipse 21:23

> *Um problema contínuo é como um professor que está*
> *sempre ao seu lado. As possibilidades de aprendizado*
> *são limitadas somente pela sua disposição de aprender.*

Querido Jesus,
confesso que não gosto de jeito nenhum desse professor! O que eu realmente queria era ficar livre dos meus problemas e correr para longe deles. Será que já não gastei tempo suficiente com esse professor? Certamente deve haver outras maneiras de se aprender.

Amada, não espero que você goste do seu professor. Ninguém se alegra em ter problemas. No entanto, eu exijo que aceite a presença dele com você pelo tempo que eu escolher. O ponto de partida é se você confia que eu uso a dificuldade para seu bem. Afaste-se da ideia de ter direito a uma vida fácil. Prometi exatamente o oposto quando disse: "Neste mundo vocês terão aflições" (João 16:13). Se quer aprender tudo o que eu lhe preparei, você precisa aceitar meus métodos de ensino. Lembre-se de que eu sou o oleiro e você é o barro. Você precisa ser flexível, maleável em minhas habilidosas mãos.

Tente ver seu problema como uma bênção disfarçada, que transforma você gradualmente a minha semelhança. Quando aceitar confiantemente minha maneira de lidar com você — sem rebelar-se nem fugir —, encontrará liberdade por meio de meu Espírito. Ainda mais maravilhoso que isso é que capacitarei você a me refletir diante dos outros com uma glória sempre crescente!

Eu lhes disse essas coisas para que em mim vocês tenham paz. Neste mundo vocês terão aflições; contudo, tenham ânimo! Eu venci o mundo.
João 16:33

Contudo, SENHOR, tu és o nosso Pai. Nós somos o barro; tu és o oleiro. Todos nós somos obra das tuas mãos.
Isaías 64:8

Ora, o Senhor é o Espírito e, onde está o Espírito do Senhor, ali há liberdade. E todos nós, que com a face descoberta contemplamos a glória do Senhor, segundo a sua imagem estamos sendo transformados com glória cada vez maior, a qual vem do Senhor, que é o Espírito.
2Coríntios 3:17,18

> *Um dia bem-sucedido é aquele em que você permaneceu em contato comigo, mesmo que, ao final dele, muitas coisas tenham ficado inacabadas.*

Querido Jesus,
isso parece bom demais para ser verdade. Raramente chego ao fim do dia me sentindo bem-sucedida. Eu quase sempre experimento a sensação de que falhei de algum modo. Há muitas maneiras de medir o sucesso, e eu me sinto atraída por muitas delas. Isso me deixa sem foco, muito dividida. Ajuda-me a ver o sucesso do teu ponto de vista.

Amada, de fato há muitas medidas para o sucesso no mundo, e a maior parte delas é sem sentido. Para evitar confusão, você precisa de uma regra de ouro: busque me agradar. Quando comunicar-se comigo é sua mais alta prioridade, eu estou satisfeito. Quanto mais você comunga comigo ao longo do dia, mais anda em meus caminhos. A luz da minha presença ilumina o caminho diante de você, tornando o pecado óbvio e abominável. Essa mesma luz satisfaz sua alma. Desse modo, permanecer em contato comigo é uma excelente medida do sucesso.

Respondeu Jesus: "Ame o Senhor, o seu Deus, de todo o seu coração, de toda a sua alma e de todo o seu entendimento. Esse é o primeiro e maior mandamento."
Mateus 22:37,38

Conheces as nossas iniquidades; não escapam os nossos pecados secretos à luz da tua presença.
Salmos 90:8

Assim diz o SENHOR: "Ponham-se nas encruzilhadas e olhem; perguntem pelos caminhos antigos, perguntem pelo bom caminho. Sigam-no e acharão descanso."
Jeremias 6:16

A minha alma ficará satisfeita como quando tem rico banquete; com lábios jubilosos a minha boca te louvará.
Salmos 63:5

> *Confie em mim de todo o seu coração e não se apoie*
> *no próprio entendimento. Reconheça-me em todos os seus*
> *caminhos, e eu endireitarei as suas veredas.*

Querido Jesus,
confiar em ti de todo meu coração tem sido meu objetivo
há anos, mas eu vejo que estou fazendo pouco progresso
nele. Suspeito que o culpado por isso seja meu apetite voraz
por entendimento. Por trás desse ímpeto de entender resi-
de um forte desejo de sentir que estou no controle de minha vida. Quero sinceramente confiar em ti, mas me sinto
amarrada.

Amada, seu desejo sincero de confiar em mim é um objetivo louvável, e isso me agrada. Estou provendo treinamento
a você para isso por meio das experiências pelas quais você
passa. Permita-me fazer essa obra sobrenatural em seu coração. Reconheça que muitas das dificuldades em sua vida são
pensadas para ajudá-la nesse esforço.

Em lugar de confiar no próprio entendimento para ajudá-
-la a sentir-se no controle, peça a meu Espírito para controlar
sua mente. Então, espere confiantemente para ver os resultados. Conforme você olhar para mim, confiando em mim e
conversando comigo, eu endireitarei o caminho diante de
você.

Confie no SENHOR de todo o seu coração e não se apoie em seu próprio entendimento; reconheça o SENHOR em todos os seus caminhos, e ele endireitará as suas veredas.
Provérbios 3:5,6

Entregue o seu caminho ao SENHOR; confie nele, e ele agirá.
Salmos 37:5

A mentalidade da carne é morte, mas a mentalidade do Espírito é vida e paz.
Romanos 8:6

> *Não busque aprovação no espelho ou aos olhos de outras pessoas. Em minha presença você tem aprovação infinita.*

Querido Jesus,
é tão fácil para mim me julgar com base no que vejo no espelho. Sei que isso é frágil e superficial, pois minha imagem no espelho está sempre mudando. Estou do mesmo modo escravizada a me ver por meio dos olhos de outras pessoas. Minha tendência é avaliar com muito rigor como me saio em relacionamentos interpessoais, e, na maioria das vezes, fico insatisfeita com alguma coisa que eu tenha dito ou feito. Desejo desesperadamente experimentar tua aprovação!

Amada, "escravizada" é a palavra adequada. Você é, de fato, uma escrava quando tenta ver-se e julgar-se pelos olhos das outras pessoas. Avaliar seu valor com base em como você se parece para si mesma ou para os outros é sempre uma armadilha. É como se você estivesse peneirando areia para achar ouro, mas olhando apenas para os grãos de areia que passam pela peneira e ignorando os grânulos de ouro que permanecem nela. O ouro representa sua parte eterna: sua alma. Ela é invisível para todos, menos para mim, que planejo viver a eternidade com você. Mesmo invisível, uma alma bem nutrida pode, de fato, melhorar a própria aparência. Quando você descansa na certeza de meu amor leal, sua face brilha com a alegria da minha presença.

Minha aprovação com relação a você é infinita, pois continuará para sempre. Ela é inteiramente baseada em minha justiça, que é sua por toda a eternidade. Quando você se olhar no espelho, tente se ver como realmente é: ornada com perfeita justiça, adornada com fulgurante aprovação.

Satisfaze-nos pela manhã com o teu amor leal,
e todos os nossos dias cantaremos felizes.
Salmos 90:14

Fizeste dele uma grande bênção para sempre
e lhe deste a alegria da tua presença.
Salmos 21:6

É grande o meu prazer no Senhor! Regozija-se
a minha alma em meu Deus! Pois ele me vestiu
com as vestes da salvação e sobre mim pôs o manto
da justiça, qual noivo que adorna a cabeça como um
sacerdote, qual noiva que se enfeita com joias.
Isaías 61:10

> *Não se sinta culpada por gastar tempo para permanecer em minha presença. Você está apenas respondendo aos toques da divindade dentro de você. Eu fiz você conforme minha imagem, e escondi o céu em seu coração.*

Querido Jesus,

permanecer na tua presença é um grande desafio, em parte porque tenho de afastar sentimentos de culpa. Parece-me um tanto egoísta gastar tanto tempo assim para buscar tua face. No entanto, no meu íntimo, parece ser a coisa mais importante que eu faço.

Anseio por algo mais que este mundo não pode dar. Conhecer os céus irá satisfazer todos esses desejos perfeitamente. Contudo, meu coração te busca agora para ter um antegozo daquela realidade eterna.

Amada, você não foi feita para encontrar total satisfação neste mundo, porque foi criada segundo minha imagem. O céu é seu lar definitivo, e eu coloquei um pouquinho de matéria celestial em seu coração para que, assim, você me buscasse. Eu me deleito em seu coração de busca. Não se sinta culpada por algo que me dá tal prazer!

Muito da angústia deste mundo é, na verdade, um anelo pela perfeição dos céus. Pecados grosseiros são frequentemente uma tentativa mal orientada de preencher esse vazio. O deus desta era cegou o entendimento dos descrentes para que busquem os céus por métodos infernais: excessos e perversões de todo tipo. Entretanto, grandes pecadores podem ser transformados em maravilhosos cristãos quando se voltam de seus apetites carnais para mim. Meu amor e meu perdão satisfazem a alma faminta como nada mais pode fazê-lo.

Recorram ao SENHOR e ao seu poder;
busquem sempre a sua presença.
Salmos 105:4

O deus desta era cegou o entendimento dos descrentes,
para que não vejam a luz do evangelho da glória de Cristo,
que é a imagem de Deus.
2Coríntios 4:4

Por que gastar dinheiro naquilo que não é pão e o seu trabalho árduo naquilo que não satisfaz? Escutem, escutem-me, e comam o que é bom, e a alma de vocês se deliciará na mais fina refeição.
Isaías 55:2

> *Em lugar de se empenhar para ter uma vida previsível*
> *e segura, procure conhecer-me mais profunda*
> *e amplamente. Quero fazer de sua vida uma gloriosa*
> *aventura, mas você precisa parar de se apegar*
> *aos velhos caminhos.*

Querido Jesus,

tu sabes quão ambivalente é meu coração. Anseio pela gloriosa aventura que uma vida consagrada a ti pode ser. Ao mesmo tempo, me apego aos velhos caminhos, pois mudar me assusta. Eu me sinto segura quando minha vida é previsível e as coisas parecem estar sob controle. Ajuda-me a me libertar e a descobrir as aventuras que tu tens planejado para mim.

Amada, a maior aventura é me conhecer profundamente, descobrindo quão largo, comprido e alto é meu amor por você. O poder do meu vasto amor pode parecer esmagador. Por isso, muitas pessoas escolhem limitar o conhecimento que têm de mim, mantendo-me a uma distância segura. Como isso me entristece! Pessoas acomodam-se na mediocridade, porque isso lhes parece mais confortável. No entanto, elas continuam a lutar contra o medo. Somente meu amor é forte o suficiente para quebrar a escravidão que a morte exerce sobre elas. Uma vida previsível pode parecer segura, mas pode afastá-la daquilo que precisa mais do que tudo: de mim!

Quando eventos inesperados abalam sua rotina, alegre-se. É exatamente disso que você precisa para acordá-la e voltá-la para mim. Reconheça que está no limiar de uma nova aventura e que eu estarei com você a cada passo do caminho. Ao nos aventurarmos juntos, agarre firmemente minha mão. Quanto mais você se abandonar em mim, mais exuberantemente poderá experimentar meu amor.

Que Cristo habite no coração de vocês mediante a fé; e oro para que, estando arraigados e alicerçados em amor, vocês possam, juntamente com todos os santos, compreender a largura, o comprimento, a altura e a profundidade.
Efésios 3:17,18

No amor não há medo; pelo contrário, o perfeito amor expulsa o medo, porque o medo supõe castigo. Aquele que tem medo não está aperfeiçoado no amor.
1João 4:18

A minha alma apega-se a ti; a tua mão direita me sustém.
Salmos 63:8

> *Aceite cada dia exatamente como vier a você.*
> *Não desperdice tempo e energia desejando um conjunto*
> *diferente de circunstâncias. Em lugar disso, confie*
> *em mim o suficiente para submeter-se ao que designei*
> *e a meus propósitos.*

Querido Jesus,
eu gasto muito tempo e energia ansiando por circunstâncias diferentes. Quando está frio, desejo um tempo mais quente. Quando está quente, espero pelo friozinho gostoso do inverno. Esse é um exemplo de como minha mente trabalha: rejeitando as circunstâncias diárias e sonhando acordada sobre como eu gostaria que as coisas fossem. Percebo que isso é arrogante e tolo, mas minha mente — deixada por si mesma — tende a trabalhar assim. Eu realmente quero aceitar cada dia exatamente como chega a mim, mas vejo que tenho pouco poder sobre meus pensamentos.

Amada, você está certa em reconhecer que precisa de mais controle sobre seus pensamentos. A mente humana, apesar de sua capacidade para fazer coisas brilhantes, tende a ser indisciplinada e rebelde. Para contrapor essa fraqueza, tenho provido ajuda na pessoa do Espírito Santo. À medida que você lhe der permissão, ele irá controlar sua mente. O Espírito Santo oferece vida e paz para aqueles que se submetem a ele.

Seu tempo e sua energia são limitados; somente eu sei quanto de cada um deles você tem. Tente aceitar cada dia como uma preciosa dádiva oferecida por mim, agradecendo por ela em vez de desejar que se vá. Peça-me para cumprir meu propósito nesse dia e por meio dele. Em vez de desperdiçar tanta energia desejando aquilo que ele não é, invista essa energia ao confiar em mim. Sonhar acordada deixará você vazia e descontente, ao passo que confiar irá atraí-la para minha prazerosa presença. Quando você vier para perto de mim, eu a abraçarei com meus braços eternos.

Quem vive segundo a carne tem a mente voltada para o que a carne deseja; mas quem vive de acordo com o Espírito, tem a mente voltada para o que o Espírito deseja. A mentalidade da carne é morte, mas a mentalidade do Espírito é vida e paz.
Romanos 8:5,6

Sabemos que Deus age em todas as coisas para o bem daqueles que o amam, dos que foram chamados de acordo com o seu propósito.
Romanos 8:28

Este é o dia em que o SENHOR agiu; alegremo-nos e exultemos neste dia.
Salmos 118:24

> *Para receber minha paz, você precisa mudar sua postura*
> *de querer segurar e controlar por uma postura aberta*
> *e de confiança. A única coisa que você pode segurar sem*
> *trazer dano a sua alma é minha mão.*

Querido Jesus,
segurar as coisas e controlá-las é a minha maneira de tentar me sentir segura. No entanto, tenho percebido que isso fere, e é, na verdade, contraprodutivo. Quanto mais eu manipulo para ter o controle e tentar mantê-lo, mais ansiosa eu me torno. Mesmo se obtenho sucesso usando esses instrumentos, sei que o controle pode ser apenas temporário. Já que eu sou a única que faz as coisas acontecerem, tenho de patrulhar a situação vigilantemente — ou arriscar perder o terreno que conquistei. Ajuda-me a abrir para ti, Senhor, minhas mãos, que querem segurar, recebendo com confiança tudo o que tu tens para mim.

Amada, o que você faz com seu corpo pode ajudar ou impedir que as coisas aconteçam em sua alma. Quando percebe que está lutando para ter o controle, você se torna consciente de sua linguagem corporal. Abra intencionalmente as mãos, entregando o assunto a mim e convidando-me para assumir o controle. Abra seu coração e sua mente também ao erguer as mãos para mim. Você está agora em uma boa posição para receber muitas bênçãos, das quais a mais importante é a consciência de minha presença. Desfrute a paz que flui de mim, enquanto você se aquece à luz do meu amor. Quando voltar para suas atividades, conscientemente segure minha mão em uma dependência de criança. Pois eu sou o Senhor, seu Deus, que segura sua mão direita e lhe diz: "Não tema; eu vou ajudar você."

Quero, pois, que os homens orem em todo lugar, levantando mãos santas, sem ira e sem discussões.
1Timóteo 2:8

Ao cair da tarde daquele primeiro dia da semana, estando os discípulos reunidos a portas trancadas, por medo dos judeus, Jesus entrou, pôs-se no meio deles e disse:
"Paz seja com vocês!"
João 20:19

Portanto, quem se faz humilde como esta criança, este é o maior no Reino dos céus.
Mateus 18:4

Pois eu sou o Senhor, o seu Deus, que o segura pela mão direita e lhe diz: Não tema; eu o ajudarei.
Isaías 41:13

Em um mundo de mudanças implacáveis,
eu sou aquele que nunca muda. Eu sou o Alfa
e o Ômega, o Princípio e o Fim.
Encontre em mim a estabilidade pela qual
você tem ansiado.

Querido Jesus,

algumas vezes minha cabeça gira com todas as mudanças que acontecem ao meu redor. Quanto mais eu foco nelas, mais instável me sinto. Anseio por estabilidade, por algum tipo de permanência, mas o mundo me dá apenas mudanças em ritmo cada vez maior. Por isso, eu te busco, para que tu me dês o que este mundo não pode dar.

Amada, seu anseio por permanência é bom, pois é uma busca por realidade eterna, invisível. A realidade tem relação primeiramente comigo, e eu a aproximo de você como resposta a seu coração de busca. Eu posso lhe dar um lugar para permanecer, firmando seus pés sobre uma rocha. Você talvez se pergunte onde pode ser encontrado um lugar assim. Ele também é invisível. Eu sou sua Rocha, sua Fortaleza, sua Torre alta. Refugie-se em mim, e você verá que eu sou suficiente.

Disse-me ainda: "Está feito. Eu sou o Alfa e o Ômega,
o Princípio e o Fim. A quem tiver sede, darei de beber
gratuitamente da fonte da água da vida."
Apocalipse 21:6

Ao Rei eterno, ao Deus único, imortal e invisível,
sejam honra e glória para todo o sempre. Amém.
1Timóteo 1:17

Ele me tirou de um poço de destruição,
de um atoleiro de lama; pôs os meus pés sobre uma
rocha e firmou-me num local seguro.
Salmos 40:2

O Senhor é a minha rocha, a minha fortaleza e o meu
libertador; o meu Deus é o meu rochedo, em quem me
refugio. Ele é o meu escudo e o poder que
me salva, a minha torre alta.
Salmos 18:2

> *Meu Reino não tem a ver com conquistar e merecer,*
> *mas com crer e receber.*

Querido Jesus,

essa é uma notícia muito boa, porque eu nunca conseguirei dar duro o suficiente ou ser boa o suficiente para merecer teu Reino. No entanto, eu luto com forte desejo de conquistá-lo, a meu modo — pelo menos parcialmente —, em vez de simplesmente receber tudo de ti. De certa maneira, crer e receber me parecem mais difíceis do que conquistar e merecer. Eu me pego querendo reconhecimento por meus esforços e conquistas. Ajuda-me a desejar teu caminho mais do que o meu.

Amada, eu sei o quanto você é vulnerável à idolatria. Uma das mais prevalecentes tentações é idolatrar a si mesmo ou a suas boas obras. Por essa razão, eu frequentemente nego o sucesso às pessoas até que elas estejam fracas o suficiente para lidarem com ele. Quando estiverem suficientemente quebradas por adversidades e falhas, serão mais capazes de lidar com o sucesso. Assim, quando provações de todo tipo cruzarem seu caminho, receba-as como dádivas minhas.

Creia que eu sei o que estou fazendo e que meu caminho é perfeito. Depois de você ter sofrido durante um tempo, eu mesmo a restaurarei, a confirmarei e lhe darei forças. É desse modo que eu a preparo para participar da minha glória eterna.

Meus irmãos, considerem motivo de grande alegria o fato de
passarem por diversas provações, pois vocês sabem
que a prova da sua fé produz perseverança.
Tiago 1:2,3

Este é o Deus cujo caminho é perfcito;
a palavra do SENHOR é comprovadamente genuína.
Ele é escudo para todos os que nele se refugiam.
2Samuel 22:31

O Deus de toda a graça, que os chamou para a sua glória
eterna em Cristo Jesus, depois de terem sofrido durante
um pouco de tempo, os restaurará, os confirmará, lhes dará
forças e os porá sobre firmes alicerces.
1Pedro 5:10

> *Sempre que você for tentada a murmurar,*
> *venha a mim e fale sobre isso. Quando você se abrir*
> *para mim, eu colocarei meus pensamentos em sua mente*
> *e meu cântico em seu coração.*

Querido Jesus,

eu sou frequentemente tentada a murmurar — mais vezes do eu gostaria de admitir. Há muitas coisas que eu gostaria que fossem diferentes: em mim, nos outros, no mundo. Minha tendência natural é refletir sobre esses assuntos em vez de falar sobre eles contigo. Quanto mais eu me foco em coisas negativas, mais provavelmente irei murmurar. Mesmo quando eu controlo o que digo em voz baixa, meus pensamentos tendem a ser cheios de queixas. Por favor, ajuda-me a pensar teus pensamentos.

Amada, confie em mim abrindo-se sempre comigo. Não espere até que você já esteja desencorajada para trazer-me suas preocupações. Enquanto falamos sobre essas questões, lembre-se de me agradecer. A despeito de como esteja se sentindo, você pode me agradecer por ouvi-la, por cuidar de você, e também por amá-la tanto a ponto de morrer por você. Sua gratidão lhe dará um ambiente útil para ver as coisas que preocupam você. Fale comigo sobre elas. Deixe a luz da minha face brilhar sobre você ao conversarmos sobre isso. Por fim, essa luz celestial irá romper a névoa em sua mente, capacitando você a ver as coisas do meu ponto de visa.

Sua comunhão comigo irá abençoá-la de outro modo também: você encontrará em minha presença alegria irreprimível. Quer suas circunstâncias mudem ou não, você irá descobrir que coloquei um novo cântico em seu coração.

Graças a Deus por seu dom indescritível!
2Coríntios 9:15

O Senhor faça resplandecer o seu rosto sobre
ti e te conceda graça.
Números 6:25

Tu me fizeste conhecer os caminhos da vida
e me encherás de alegria na tua presença.
Atos 2:28

Pôs um novo cântico na minha boca,
um hino de louvor ao nosso Deus. Muitos verão
isso e temerão, e confiarão no Senhor.
Salmos 40:3

> *Minha graça é suficiente para você,*
> *mas sua suficiência é para um dia de cada vez.*

Querido Jesus,
preciso desesperadamente aprender como viver no momento presente. Minha mente desliza muito facilmente para o futuro, no qual abundam as preocupações. Eu também gasto muito tempo analisando coisas no passado. Enquanto isso, coisas esplendorosas do momento presente desfilam diante de mim, mas estou preocupada demais para notar. Parte do problema é minha tendência de lutar por autossuficiência. Ajuda-me a descansar em tua suficiência, dependendo de ti mais e mais.

Amada, você precisa da minha graça a fim de viver no presente. Graça é tudo o que tenho para você, e aceitá-la faz você ir contra o cerne de sua tendência natural. Você realmente crê que minha graça lhe é suficiente? Se crê, então faz sentido parar com sua luta ansiosa.

Minha é graça é mesmo suficiente para qualquer situação que você venha a encontrar. Contudo, precisa aprender a receber minha provisão ao olhar para mim continuamente.

Todo dia você enfrenta muitas situações que requerem minha ajuda. Minuto após minuto, eu lhe ofereço a ajuda necessária. Sua parte é reconhecer sua necessidade e receber o que ofereço. Minha presença está sempre com você, suprindo-a com tudo de que precisa. Não se preocupe com as necessidades de amanhã. Minha suficiência é para um dia de cada vez — hoje!

Ele me disse: "Minha graça é suficiente para você,
pois o meu poder se aperfeiçoa na fraqueza." Portanto,
eu me gloriarei ainda mais alegremente em minhas
fraquezas, para que o poder de Cristo repouse em mim.
2Coríntios 12:9

Os que olham para ele estão radiantes de alegria;
seus rostos jamais mostrarão decepção.
Salmos 34:5

O meu Deus suprirá todas as necessidades de vocês,
de acordo com as suas gloriosas riquezas em Cristo Jesus.
Filipenses 4:19

Portanto, não se preocupem com o amanhã,
pois o amanhã trará as suas próprias preocupações.
Basta a cada dia o seu próprio mal.
Mateus 6:34

> *Meu poder flui mais livremente para os fracos conscientes de que precisam de mim. Passos vacilantes de dependência não são falta de fé, são vínculos com minha presença.*

Querido Jesus,
minha jornada é, de fato, cheia de passos vacilantes. Hoje eu sinto como se já fosse um desafio dar apenas o próximo passo. Percebo que é muito fácil estar consciente de minha necessidade. Se não soubesse que tu estás aqui comigo, eu iria me desesperar. Confesso que por vezes me sinto desencorajada por causa de minha fraqueza constante. Sei que depender de ti me traz bênçãos espirituais; no entanto, por vezes me sinto enredada pelas minhas limitações.

Amada, a consciência de que você precisa de mim cria uma forte conexão com a minha presença. Meu poder flui para você continuamente. Ele lhe fortalece para você dar o próximo passo vacilante, a força para resistir ao desencorajamento e ao desespero, a força para me conhecer em íntima dependência. Somente meu poder pode lhe dar essa força, capacitando-a a viver de modo abundante em meio a suas limitações. Sua perseverança diária, dependendo de mim, é milagre sobrenatural e completo em cada pequeno aspecto.

Por você ser minha amada filha, escolhi abençoá-la. Porém, eu a abençoo de modos específicos de acordo com suas necessidades e com o que estabeleci para você. Suas dificuldades não significam falta de fé ou de bênção. Antes, são meios de ajudá-la a permanecer no caminho que escolhi para você. Apesar de o caminho diante de você ser escarpado e pedregoso, é, ainda assim, o caminho da vida. É nele que você encontrará minha luminosa presença e radiante paz que transcendem suas limitações.

Mesmo não florescendo a figueira, e não havendo uvas nas videiras, mesmo falhando a safra de azeitonas, não havendo produção de alimento nas lavouras, nem ovelhas no curral nem bois nos estábulos, ainda assim eu exultarei no Senhor e me alegrarei no Deus da minha salvação. O Senhor, o Soberano, é a minha força; ele faz os meus pés como os do cervo; faz-me andar em lugares altos.
Habacuque 3:17-19

Àquele que é poderoso para impedi-los de cair
e para apresentá-los diante da sua glória
sem mácula e com grande alegria,
ao único Deus, nosso Salvador, sejam glória,
majestade, poder e autoridade, mediante Jesus Cristo,
nosso Senhor, antes de todos os tempos,
agora e para todo o sempre! Amém.
Judas 1:24,25

E a paz de Deus, que excede todo o entendimento, guardará
o coração e a mente de vocês em Cristo Jesus.
Filipenses 4:7

> *Guarde seus pensamentos diligentemente.*
> *Escolhê-los bem irá mantê-la perto de mim.*

Querido Jesus,
por vezes meus pensamentos parecem desconectados de minha vontade. Eles correm para muitas direções ao mesmo tempo, tornando difícil meu foco em uma única coisa. Desejo profundamente fixar meus pensamentos em ti, Jesus, mas isso é um esforço constante, como nadar contra uma forte correnteza.

Amada, não se surpreenda com o furor da batalha em sua mente. O inimigo e seu exército maligno detestam a proximidade que você tem de mim; por isso, eles enviam mísseis de engano para sua mente. Fixar seus pensamentos em mim continuará a ser uma luta, por causa desse bombardeio constante de interferência demoníaca. Outro fator é sua natureza caída. Sua mente não escapa dos efeitos da Queda.

Muitas coisas podem afetar sua habilidade de pensar claramente: sono, saúde ou alimentação ruim, falta de ar puro e de exercícios, preocupações do mundo, ocupação excessiva. Apesar disso, ainda é possível exercer muito controle sobre o que você pensa. Peça a meu Espírito para ajudá-la nesse empenho. Não deixe que seus pensamentos corram livremente; estabeleça vigilância sobre eles. Mantenha-se em controle e alerta. Quando perceber pensamentos prejudiciais ou impuros, traga-os a mim. Fale comigo sobre suas lutas; escolha fazer de seus pensamentos uma conversa comigo. Se você perseverar em escolher bons pensamentos, irá desfrutar minha renovadora presença mais e mais.

Portanto, santos irmãos, participantes do chamado celestial, fixem os seus pensamentos em Jesus, apóstolo e sumo sacerdote que confessamos.
Hebreus 3:1

Coloca, Senhor, uma guarda à minha boca; vigia a porta de meus lábios.
Salmos 141:3

Estejam alertas e vigiem. O diabo, o inimigo de vocês, anda ao redor como leão, rugindo e procurando a quem possa devorar.
1Pedro 5:8

Arrependam-se, pois, e voltem-se para Deus, para que os seus pecados sejam cancelados.
Atos 3:19

> *Se você aprender a confiar em mim — a confiar em mim de verdade — de todo o seu ser, então, nada poderá separá-la da minha paz. Tudo o que você suporta pode ter um bom uso ao treiná-la a confiar em mim. É assim que você frustra as obras do mal, crescendo em graça em meio às adversidades que foram planejadas para ferir você.*

Querido Jesus,
meu mais profundo desejo é confiar em ti com todo o meu ser, mas isso não é fácil para mim. Tenho, contudo, me aberto mais para aceitar a adversidade como uma dádiva tua. Algumas vezes, eu queria apenas alívio para minhas dificuldades. Em outras ocasiões, sou capaz de recebê-las como bênçãos. Ajuda-me a permitir que meus problemas me treinem para confiar em ti.

Querida, será útil a você ter um ponto de vista da eternidade. Se a sua vida na terra for apenas isso, pode ser razoável fugir da adversidade e buscar uma vida de prazer. No entanto, seu tempo de vida terreno é minúsculo quando comparado à glória que espera por você nos céus. Boa parte do que é aprender a confiar em mim é viver por meio da visão de todo o quadro.

Ao abrir-se para aceitar a adversidade como bênção, você mostra que está de fato aprendendo a confiar mais em mim. Antecipar os bons resultados em meio aos tempos difíceis é uma profunda forma de confiança.

Lembre-se de que o maligno ataca você continuamente com flechas inflamadas de acusação. Se você usar o escudo da fé com habilidade, pode parar esses mísseis e extinguir suas chamas. Mesmo que algumas flechas alcancem o alvo e firam você, não se desespere. Eu sou o Grande Médico: minha presença amorosa pode tanto curar suas feridas quanto treiná-la a confiar ainda mais em mim. Quando você estiver machucada, aproxime-se de mim e preste atenção em meu ensinamento. Quando fizer isso, sua fé será fortalecida, capacitando-a a crescer em graça e no conhecimento sobre mim, o Senhor da paz.

Vocês planejaram o mal contra mim, mas Deus o tornou em bem, para que hoje fosse preservada a vida de muitos.
Gênesis 50:20

Além disso, usem o escudo da fé, com o qual vocês poderão apagar todas as setas inflamadas do maligno.
Efésios 6:16

Cresçam, porém, na graça e no conhecimento de nosso Senhor e Salvador Jesus Cristo. A ele seja a glória, agora e para sempre! Amém.
2Pedro 3:18

> *Agradeça-me quando as coisas não saírem de seu jeito,*
> *porque bênçãos espirituais vêm embrulhadas em provações.*

Querido Jesus,
se eu te agradecesse por cada coisa que não saiu do meu jeito, iria te agradeceria muito frequentemente! Vezes seguidas sinto como se as coisas se jogassem contra mim, aparentemente projetadas para me frustrar. Tenho de admitir que te agradecer é uma das últimas coisas que eu gostaria de fazer quando estou frustrada.

Amada, a Terra, como eu originalmente a criei, era sublimemente perfeita. No entanto, o mundo em sua condição caída é cheio de frustrações. Entendo seus sentimentos, mas ainda mantenho que me agradecer é a melhor resposta. Quando você faz isso, reconhece que sou maior que você e seus problemas. Agradecer-me quando você tem vontade de reclamar é uma resposta sobrenatural: requer a ajuda do meu Espírito. Quando você dá graças em obediência à minha Palavra e em confiança no Espírito, seus sentimentos de frustração vão começar a diminuir. Em vez de tentar com mais e mais força fazer as coisas serem de seu jeito, você poderá confiar suas preocupações a mim.

Considere a possibilidade de eu estar dando a você muitos bens por meio dessas coisas que a têm entristecido. Abra os olhos e a mente a fim de ver algo novo. Busque ver as coisas do meu ponto de vista, e você descobrirá tesouros em suas provações.

Deus viu tudo o que havia feito, e tudo havia ficado muito bom. Passaram-se a tarde e a manhã; esse foi o sexto dia.
Gênesis 1:31

Deem graças em todas as circunstâncias, pois essa é a vontade de Deus para vocês em Cristo Jesus.
1Tessalonicenses 5:18

Esqueçam o que se foi; não vivam no passado.
Vejam, estou fazendo uma coisa nova!
Ela já está surgindo! Vocês não a reconhecem?
Até no deserto vou abrir um caminho
e riachos no ermo.
Isaías 43:18,19

> *Este é o dia que eu fiz! Regozijar-se neste dia de vida*
> *lhe trará preciosas dádivas e benéfico treinamento.*

Querido Jesus,
algumas vezes acho fácil regozijar-me e estar alegre, mas hoje não é um desses dias. Sinto como se estivesse escalando uma montanha árida, com ventos amargos girando em torno de mim. Na mente, sei que tu estás comigo; no entanto, eu me sinto muito só. Este é um daqueles dias em que me regozijar parece impossível. Por favor, ajuda-me a descobrir tudo o que tu tens para mim neste dia.

Amada, venha a mim com todas as suas necessidades. Não se despreze por sentir-se sem alegria. À parte de mim, suas fontes serão sempre limitadas e circunstâncias adversas apenas ressaltam essa insuficiência. Sua maior necessidade é reconectar-se comigo de modo profundo. Você pode clamar a mim: "Ajuda-me, Jesus!" Então, espere pacientemente em minha presença. Se conseguir, cante louvores a mim. Seu cansaço irá, por fim, dar espaço a uma nova força enquanto você confiantemente espera em mim. Com minha ajuda, você poderá descobrir preciosos prazeres que eu espalhei ao longo do seu caminho. Além disso, ao perseverar em subir essa trilha desafiadora comigo, você colhe os benefícios deste árduo treinamento: descobrir que é possível estar entristecida, mas sempre alegre.

Este é o dia em que o SENHOR agiu;
alegremo-nos e exultemos neste dia.
Salmos 118:24

Eu sou a videira; vocês são os ramos. Se alguém permanecer
em mim e eu nele, esse dará muito fruto; pois sem mim
vocês não podem fazer coisa alguma.
João 15:5

Até os jovens se cansam e ficam exaustos, e os moços
tropeçam e caem; mas aqueles que esperam no SENHOR
renovam as suas forças. Voam bem alto como águias; correm
e não ficam exaustos, andam e não se cansam.
Isaías 40:30,31

Entristecidos, mas sempre alegres; pobres, mas enriquecendo
muitos outros; nada tendo, mas possuindo tudo.
2Coríntios 6:10

> *Eu anseio que confie em mim o suficiente para ser,*
> *comigo, plenamente você mesma. Quando é verdadeira*
> *comigo, sou capaz de exibir o melhor em você:*
> *os dons que plantei em sua alma.*

Querido Jesus,
ser real contigo pode ser muito doloroso, porque, em primeiro lugar, tenho de ser real comigo mesma. Costuma ser mais fácil ignorar como estou me sentindo do que encarar minha tristeza. Quando estou me sentindo mal com respeito a mim mesma, eu preferiria entorpecer meus sentimentos a trazê-los a ti. Dá-me coragem para encarar-me, para que assim eu possa ser real contigo.

Querida, o melhor modo de você se encarar é lembrar que está constantemente usando minhas vestes de justiça. Não tenho ilusões sobre o que está sob aquela roupa imaculada da salvação. Mesmo assim, tenho grande deleite em você; eu até mesmo me regozijo em você com cânticos.

Abra-se para meu amor leal. Fale comigo sobre aquilo que a esteja aborrecendo. Experimente sua dor à luz de minha amável presença. Nessa fulgurosa luz, você pode ver sua miséria mais claramente, mas não se desesperar. Continue olhando para sua condição miserável ao mesmo tempo que descansa na certeza do meu amor. O que você mais teme expor não é páreo para o poder de minha presença radiante. Apoie-se em meu cuidado, pedindo-me para transformá-la de acordo com os meus planos para você. Colabore comigo enquanto faço crescer os dons que plantei em sua alma.

É grande o meu prazer no SENHOR! Regozija-se a minha
alma em meu Deus! Pois ele me vestiu com as vestes
da salvação e sobre mim pôs o manto da justiça,
qual noivo que adorna a cabeça como um sacerdote,
qual noiva que se enfeita com joias.
Isaías 61:10

O SENHOR, o seu Deus, está em seu meio, poderoso para
salvar. Ele se regozijará em você; com o seu amor a renovará,
ele se regozijará em você com brados de alegria.
Sofonias 3:17

Eu, porém, confio em teu amor;
o meu coração exulta em tua salvação. Quero cantar
ao SENHOR pelo bem que me tem feito.
Salmos 13:5,6

> *Não há condenação para os que me pertencem, pois,
> pelo meu intermédio, a lei do Espírito de vida libertou
> você da lei do pecado e da morte.*

Querido Jesus,
creio que tu me libertaste da condenação ao morreres na cruz pelos meus pecados. No entanto, continuo a lutar contra os *sentimentos* de condenação, por vezes sem nenhuma razão aparente para isso. Anseio experimentar a liberdade plena que tu fizeste possível. Sei que preciso da ajuda do teu Espírito, mas não tenho certeza de como conseguir a assistência dele.

Amada, você pode pedir ao meu Espírito para ajudá-la a encontrar libertação dos sentimentos de condenação. Reconheça que, na verdade, esses sentimentos não têm base. Então, olhe para mim com os olhos da fé. Deleite-se com meu sorriso celestial de aprovação. Quanto mais você se conectar comigo focando em minha presença, mais poderá receber minha amorosa aprovação. O melhor antídoto para os sentimentos de condenação é experimentar meu amor por você.

Você também pode lutar contra esses sentimentos usando a ponderação nas verdades do Evangelho. O maligno é o pai da mentira e é especialista em engano. Lute contra essas mentiras infernais com a verdade bíblica.

Por fim, lembre que meu Espírito é o Espírito de vida. Sentimentos de condenação drenam sua energia, deixando-a vulnerável. Quando meu Espírito a enche de vida, você se capacita a viver abundantemente, em plenitude.

Portanto, agora já não há condenação para os que estão em Cristo Jesus, porque por meio de Cristo Jesus a lei do Espírito de vida me libertou da lei do pecado e da morte.
Romanos 8:1,2

Conceda-me o Senhor o seu fiel amor de dia;
de noite esteja comigo a sua canção. É a minha oração
ao Deus que me dá vida.
Salmos 42:8

[O diabo] foi homicida desde o princípio e não se apegou à verdade, pois não há verdade nele. Quando mente, fala a sua própria língua, pois é mentiroso e pai da mentira.
João 8:44

O ladrão vem apenas para roubar, matar e destruir;
eu vim para que tenham vida, e a tenham plenamente.
João 10:10

> *Ao me contemplar, você ganha minha perspectiva*
> *a respeito da vida. Esse tempo comigo é essencial*
> *para desembaraçar seus pensamentos e suavizar o dia*
> *diante de você.*

Querido Jesus,
tu podes facilmente ler meus pensamentos e avaliar a condição deles com perfeita precisão. Acordo cada manhã com *flashes* de pensamentos correndo pela minha mente. É difícil desembaraçar o que penso, porque minha capacidade mental é muito limitada assim que desperto. Contudo, quero olhar para ti, para que faças por mim o que sou incapaz de fazer por mim mesma.

Amada, mesmo quando seus pensamentos estiverem embaralhados, você ainda pode buscar minha ajuda. Muitas pessoas saltam da cama pela manhã e seguem direto para o café. Apesar de ainda não estarem pensando claramente, elas estão suficientemente conscientes para se mover em direção a algo que as possa ajudar a desanuviar os pensamentos. Desempenho uma função similar para você quando sua mente cambaleia em minha direção. Peça-me para ajudá-la a pensar meus pensamentos e a ver as coisas do meu ponto de vista. Criei você à minha imagem para que tivesse essa maravilhosa capacidade.

Quando você esperar em minha presença, não irei apenas ordenar seus pensamentos, mas também endireitarei seu caminho ao longo do dia. Sou soberano sobre cada aspecto de sua vida; por isso, abrir o caminho diante de você não é problema para mim. Algumas pessoas pensam que não têm tempo para começar o dia comigo. Elas não percebem o quanto eu posso tornar mais fáceis as atividades delas — removendo obstáculos, dando orientações que poupam tempo e assim por diante. Quando você passa um tempo precioso comigo, eu a compenso generosamente: suavizando as circunstâncias do seu dia.

SENHOR, tu me sondas e me conheces.
Sabes quando me sento e quando me levanto;
de longe percebes os meus pensamentos.
Salmos 139:1,2

Criou Deus o homem à sua imagem,
à imagem de Deus o criou; homem e mulher os criou.
Gênesis 1:27

Nossa esperança está no SENHOR; ele é o nosso auxílio
e a nossa proteção. Nele se alegra o nosso coração, pois
confiamos no seu santo nome. Esteja sobre nós o teu amor,
SENHOR, como está em ti a nossa esperança.
Salmos 33:20-22

> *Volte gentilmente sua atenção para mim sempre*
> *que ela se afastar. Busco persistência,*
> *mais do que perfeição, em seu andar comigo.*

Querido Jesus,
é um alívio saber que tu aceitas minha persistência e não me rejeitas pelas minhas diversas falhas. Estou impressionada com o fato de minha mente poder se afastar para muito longe de ti tão rapidamente. Quando percebo que isso aconteceu (de novo!), minha tendência natural é sentir-me desencorajada e desapontada comigo mesma. Obrigada por aceitar-me com toda a minha imperfeição.

Amada, eu não só a aceito como você é, mas a amo como é. Eu morri como um criminoso para que pudesse adornar você com minha perfeição. Por isso é tão importante me trazer seus pensamentos: é minha justiça perfeita que a salva, e isso nunca será afastado de você!

Você pode facilmente cair presa da autorrejeição se tiver expectativas irreais a seu respeito. Quero que você volte seu foco para mim *gentilmente*: sem autojulgamento. Expressar decepção a respeito desse afastamento apenas irá distraí-la ainda mais. Em vez de se envolver nessa tarefa nociva — colocar-se para baixo —, persista em voltar sua atenção para mim. Eu sempre a receberei com um amor inabalável.

Quando este sacerdote acabou de oferecer, para sempre, um único sacrifício pelos pecados, assentou-se à direita de Deus. Daí em diante, ele está esperando até que os seus inimigos sejam colocados como estrado dos seus pés; porque, por meio de um único sacrifício, ele aperfeiçoou para sempre os que estão sendo santificados.
Hebreus 10:12-14

Respondeu o Senhor: "Marta! Marta!
Você está preocupada e inquieta com muitas coisas; todavia apenas uma é necessária. Maria escolheu a boa parte, e esta não lhe será tirada."
Lucas 10:41,42

Como é precioso o teu amor, ó Deus!
Os homens encontram refúgio à sombra das tuas asas.
Salmos 36:7

> *Nada é desperdiçado quando for partilhado comigo.*
> *Eu posso extrair beleza das cinzas de sonhos perdidos.*
> *Eu posso colher alegria da tristeza, paz da adversidade.*
> *Somente um amigo que é também o Rei dos reis*
> *pode conseguir essa divina alquimia.*

Querido Jesus,
sou tão abençoada por ter um Amigo como tu! Quero aprender a partilhar mais e mais minha vida contigo. Creio que tu
és capaz de extrair beleza das cinzas de meus sonhos perdi-
dos, alegria de minha tristeza, paz de meus problemas. No
entanto, confesso que muitas vezes fico presa em meu sofrimento e em minhas lutas. Ajuda-me a levar todas essas coisas
a ti para que tu as transformes.

Amada, você me pediu algo que me agrada grandemente.
Eu me deleito em transformar meus preciosos filhos. Dê-me
seus sonhos partidos, deixe-os vir para minha proteção e meu
cuidado. Eu não apenas irei curar o que está quebrado, mas
lhe darei um novo sonho, que esteja em harmonia com meus
planos para você. Ao procurar colocar em prática esse sonho
cheio de frescor, você perceberá que está se tornando mais
satisfeita com minha bela presença e cada vez mais consciente dela.

Dê-me também sua tristeza e seus problemas. Tristeza
partilhada comigo é permeada com brilhos fulgurantes de
alegria — como muitas luzes de Natal faiscando na escuridão. Aceite a adversidade como minha dádiva a você: procure

presentes dourados de paz escondidos na dureza pétrea de seus problemas.

Eu sou seu devotado Amigo e também seu Rei dos reis, completando minha divina transformação em você. Todas as coisas são possíveis para mim!

[Ele] enviou-me para cuidar dos que estão
com o coração quebrantado, [...] para consolar todos
os que andam tristes, e dar a todos os que choram em Sião
uma bela coroa em vez de cinzas, o óleo da alegria em
vez de pranto, e um manto de louvor em vez de espírito
deprimido. Eles serão chamados carvalhos de justiça, plantio
do SENHOR, para manifestação da sua glória.
Isaías 61:1-3

Deixo-lhes a paz; a minha paz lhes dou.
Não a dou como o mundo a dá. Não se perturbe o seu
coração, nem tenham medo.
João 14:27

Jesus olhou para eles e respondeu: "Para o homem é
impossível, mas para Deus todas as coisas são possíveis."
Mateus 19:26

> *Eu estou sempre diante de você, chamando-a um passo*
> *de cada vez. Nenhuma altura ou profundidade,*
> *nada mais em toda a criação pode separá-la da minha*
> *presença de amor.*

Querido Jesus,

quero viver minha vida focada em tua presença no presente. Creio que tu estás sempre diante de mim, guiando-me e encorajando-me, mas eu preciso viver essa realidade momento a momento. Minha mente tende a saltar do presente para a próxima tarefa, ignorando o que está diante de mim e *Aquele* que está diante de mim. Durante os raros momentos em que sou capaz de permanecer focada em ti, meu trabalho se infunde da tua presença. Ele não é mais pesado, e sim agradável: é mais diversão do que trabalho.

Amada, viver em colaboração comigo pode ser um antegozo dos céus. É algo maravilhoso, apesar de não ser fácil. Requer um nível de concentração espiritual e mental que é extremamente desafiador. Em Salmos, Davi escreveu sobre seu jeito colaborativo de viver ao declarar que sempre me tinha diante dele. Como pastor, ele tinha muito tempo para buscar minha face e desfrutar minha presença. Davi descobriu a beleza dos dias vividos comigo sempre diante dele — e ao lado dele. Estou treinando você a viver dessa maneira também. Isso requer um esforço persistente, maior que qualquer outro que você já tenha tentado. No entanto, em lugar de esvaziar outras atividades, ele as enche de vibrante vida.

O que você fizer, faça-o para mim — comigo, por mim, em mim. Mesmo as atividades mentais brilham com a alegria da minha presença quando você as faz para mim. Em última instância, nada é capaz de separar você de mim. Assim, nossa aventura juntos irá continuar por toda a eternidade.

Pois estou convencido de que nem morte nem vida,
nem anjos nem demônios, nem o presente nem o futuro,
nem quaisquer poderes, nem altura nem profundidade, nem
qualquer outra coisa na criação será capaz de nos separar do
amor de Deus, que está em Cristo Jesus, nosso Senhor.
Romanos 8:38,39

Sempre tenho o Senhor diante de mim.
Com ele à minha direita, não serei abalado.
Salmos 16:8

Tudo o que fizerem, façam de todo o coração,
como para o Senhor, e não para os homens,
sabendo que receberão do Senhor a recompensa da herança.
É a Cristo, o Senhor, que vocês estão servindo.
Colossenses 3:23,24

> *Convide-me, sussurrando meu nome,*
> *a estar em seus pensamentos. Repentinamente seu dia*
> *brilhará e você o sentirá mais agradável.*

Querido Jesus,
quando falo teu nome com amorosa confiança, sinto tua presença e sinto que estou me aproximando de ti. Há um grande poder em teu nome! Descobri que sussurrar "Jesus" pode transformar um dia difícil em um bom dia. Ao invocar teu nome frequentemente, reconheço minha contínua necessidade de ti.

Amada, quando ora meu nome, você está, na verdade, invocando a mim, ao meu ser. Alegremente respondo a seu convite aproximando-me de você.

Eu me alegro com seu desejo de depender de mim nas pequenas questões, bem como nos grandes fatos de sua vida. Quando você sussurra meu nome, atendo não só as suas necessidades, mas também a seu amor. Quando você olha para mim, minha face brilha sobre você com radiante aprovação, iluminando seu dia e ajudando-a a se sentir segura.

Não há salvação em nenhum outro, pois,
debaixo do céu não há nenhum outro nome dado aos
homens pelo qual devamos ser salvos.
Atos 4:12

Aproximem-se de Deus, e ele se aproximará de vocês!
Pecadores, limpem as mãos, e vocês, que têm a mente
dividida, purifiquem o coração.
Tiago 4:8

Todo aquele que invocar o nome do Senhor será salvo!
Atos 2:21

[...] o Senhor faça resplandecer o seu rosto sobre ti e te
conceda graça; o Senhor volte para ti o seu rosto e te dê paz.
Números 6:25,26

> *Nada é desperdiçado quando você caminha perto de mim.*
> *Mesmo seus erros podem se tornar algo bom*
> *por meio da minha graça transformadora.*

Amado Jesus,
quero desesperadamente crer que meus erros podem, de algum modo, ser usados para o bem em teu Reino. A verdade é que eu odeio cometer erros! Essa atitude pode facilmente ser traduzida em ódio por mim mesma por ter feito alguma bobagem. Quando deixo minha mente correr livre em uma situação dessas, pego-me fantasiando sobre *o que poderia ter sido* se eu tão somente tivesse agido ou escolhido de modo diferente. Definitivamente preciso de uma forte dose da tua graça transformadora!

Amada, a melhor estratégia para você se aceitar, mesmo quando comete erros, é viver perto de mim. Essa proximidade a ajuda a ver as coisas do meu ponto de vista. Você tende a se ver como alguém que deveria ser mais perfeita, cometendo muito poucos erros. Meu ponto de vista é bem diferente: eu vejo você como minha amada filha, fraca em muitos aspectos, inclinada a se afastar de mim. Contudo, sua fraqueza e seu distanciamento não podem diminuir meu constante amor por você. Além disso, minha infinita sabedoria habilita-me a tomar seus erros e trançá-los em uma intrincada e bela trama.

Você precisa aceitar não só a si mesma, mas também as escolhas que faz. Fantasiar sobre ter feito as coisas de outro modo é uma de perda de tempo. É impossível viver perto de mim enquanto viver nessa irrealidade. Quanto mais você fantasiar, para mais distante de mim você se afastará. Quando perceber que isso está ocorrendo, volte atrás e corra de volta para mim! Reserve um tempo para conversar comigo e repouse em minha presença. Suas tendências perfeccionistas irão se dissolver assim que você se encher da minha graça transformadora.

Como um pai tem compaixão de seus filhos, assim o SENHOR
tem compaixão dos que o temem; pois ele sabe do que
somos formados; lembra-se de que somos pó.
Salmos 103:13,14

Seja o teu amor o meu consolo, conforme
a tua promessa ao teu servo.
Salmos 119:76

[Em Cristo] temos a redenção por meio de seu sangue,
o perdão dos pecados, de acordo com as riquezas
da graça de Deus, a qual ele derramou sobre nós
com toda a sabedoria e entendimento.
Efésios 1:7,8

> *Admire-se com a impressionante maravilha de ser capaz de se comunicar com o Rei do universo a qualquer momento, em qualquer lugar. Nunca considere esse sublime privilégio como algo conquistado por você!*

Querido Jesus,
confesso que frequentemente eu tomo o sublime privilégio de orar como algo que conquistei. Mesmo sendo indigna, por vezes ajo como se estivesse fazendo-lhe um favor despendendo tempo falando contigo. Perdoa minha tola arrogância!

Amada, estou contente por você reconhecer sua arrogância e se arrepender dela. O melhor antídoto para pensamentos desse tipo é lembrar que Eu sou o Rei dos reis e Senhor dos senhores que habita em luz inacessível. Meus olhos são como chamas de fogo. Minha voz é como o som de muitas águas. Minha face é como o Sol quando brilha em todo o seu fulgor. Eu sou também seu Pastor, conduzindo-a ternamente passo a passo pela vida. Quero que você perceba o quão preciosa é para mim, o quanto eu me deleito em você. Anseio que você retribua isso deleitando-se em mim.

Ouço seu coração tão bem quanto suas palavras. Quando você se aproxima alegremente do meu trono da graça, antecipando o maravilhoso prazer de ter comunhão comigo, você e eu somos abençoados!

[Deus] é o bendito e único Soberano, o Rei dos reis e
Senhor dos senhores, o único que é imortal e habita em luz
inacessível, a quem ninguém viu nem pode ver. A ele sejam
honra e poder para sempre. Amém.
1Timóteo 6:15,16

Sua cabeça e seus cabelos eram brancos como a lã,
tão brancos quanto a neve, e seus olhos eram como chama
de fogo. Seus pés eram como o bronze numa fornalha
ardente e sua voz como o som de muitas águas.
Tinha em sua mão direita sete estrelas, e da sua boca saía
uma espada afiada de dois gumes. Sua face era como o sol
quando brilha em todo o seu fulgor.
Apocalipse 1:14-16

Deleite-se no SENHOR,
e ele atenderá aos desejos do seu coração.
Salmos 37:4

Assim, aproximemo-nos do trono da graça com toda a
confiança, a fim de recebermos misericórdia e encontrarmos
graça que nos ajude no momento da necessidade.
Hebreus 4:16

> *Agradeça-me pela dádiva da minha paz,*
> *uma dádiva tão imensa que você não consegue*
> *sondar sua profundidade ou largura.*

Querido Jesus,

tenho buscado a paz em muitos lugares diferentes, mas somente tu és real e permanente. Por mais maravilhosa que tua paz seja, ela muitas vezes me ilude. Quando eu baixo a guarda, a ansiedade rasteja para dentro de mim sem permissão. Minha mente fica atraída por ela, afastando-me da percepção de tua presença. Por favor, ensina-me a desfrutar tua paz mais continuamente.

Amada, você pode me agradecer pela dádiva da minha paz sempre que estiver se sentindo ansiosa. Minha paz não é como um sentimento; é uma condição imutável. É um permanente perdão: minha dádiva eterna a você por meio do meu sangue. Eu sou o único que pode dar a verdadeira paz: eu mesmo sou sua paz. Ela está tão disponível para você quanto estou. Quando busca minha presença e me encontra, você também encontra minha paz.

Agradecer-me pelo dom da paz, não importando como você se sente, é, em última instância, um ato de confiança. Sua gratidão e confiança a trarão para mais perto do mim, o Senhor da paz. Regozije-se ao explorar comigo as imensas dimensões do meu dom: paz a todo o tempo e em todos os caminhos!

Foi do agrado de Deus que nele [em Cristo]
habitasse toda a plenitude, e por meio dele reconciliasse
consigo todas as coisas, tanto as que estão na terra quanto
as que estão nos céus, estabelecendo a paz pelo seu sangue
derramado na cruz.
Colossenses 1:19,20

[Cristo] é a nossa paz, o qual de ambos fez
um e destruiu a barreira, o muro de inimizade.
Efésios 2:14

Lancem sobre ele [Cristo] toda a sua ansiedade,
porque ele tem cuidado de vocês.
1Pedro 5:7

O próprio Senhor da paz lhes dê a paz em todo o tempo
e de todas as formas. O Senhor seja com todos vocês.
2Tessalonicenses 3:16

> *Eu sou o Criador do universo; no entanto,*
> *escolhi fazer minha humilde morada no seu coração.*
> *É ali que você me conhece mais intimamente;*
> *é ali que eu lhe falo com santos sussurros.*

Querido Jesus,
isto está além do meu entendimento: que alguém tão grande e majestoso tenha escolhido viver em alguém tão pequeno e pecador. Minha mente com frequência recua quando penso que tua perfeita santidade está vivendo em mim. Na verdade, eu sou uma morada excessivamente humilde para ti. Isso me ajuda a lembrar que, embora vivas em mim, tu também habitas os mais altos céus. Um dia eu irei olhar para ti nas cortes dos céus, onde irei te ver em toda a glória.

Estou grata por tu estares desejando viver em meu coração, porque eu desejo desesperadamente ter intimidade contigo. No entanto, sou fraca: facilmente sou distraída pelo barulho do mundo. Ajuda-me a ouvir teus sussurros em meu coração.

Amada, você faz bem ao lutar contra o pensamento de a minha santidade habitar seu corpo. Isso me mostra que você tem algum entendimento da absoluta pureza do meu ser. Apesar disso, esteja segura de que sua pecaminosidade não pode macular minha santidade. A influência é em outra direção: minha justiça é que purifica você! Deleite-se nessa abençoada transação, recebendo gratamente minha bondade.

Você precisa de quietude — exterior e interior — para ouvir meu sussurro suave em seu coração. Encontre um lugar sossegado, onde o barulho do mundo seja mínimo. Então, foque sua mente neste versículo: "Parem de lutar! Saibam que eu sou Deus!" Descanse, vá e repouse em minha presença que tenho enquanto entro em comunhão com você em santo sussurrar.

Mas nestes últimos dias [Deus]
falou-nos por meio do Filho, a quem constituiu herdeiro
de todas as coisas e por meio de quem fez o universo.
Hebreus 1:2

Oro para que, com as suas gloriosas riquezas,
ele os fortaleça no íntimo do seu ser com poder,
por meio do seu Espírito, para que Cristo habite
no coração de vocês mediante a fé.
Efésios 3:16,17

Depois do terremoto houve um fogo,
mas o Senhor não estava nele. E depois do fogo houve o
murmúrio de uma brisa suave.
1Reis 19:12

Parem de lutar! Saibam que eu sou Deus!
Salmos 46:10

> *Embora a autossuficiência seja valorizada no mundo, confiança em mim produz vida abundante no Reino.*

Querido Jesus,

é, por vezes, tentador caminhar no ritmo do mundo. O desejo de *misturar-me* pode ser sutil e poderoso. A autossuficiência é, certamente, incentivada no mundo, muitas vezes ao ponto da autodeificação. Embora eu não queira realmente *ser* autossuficiente, há ocasiões em que me vejo tentando aparentar ser. Sei exatamente como é: tenho descoberto que depender de ti é o caminho para viver mais abundantemente. Sempre que enfrento situações difíceis, sou grata por poder confiar que tu me ajudarás. Ensina-me a depender mais e mais de ti.

Amada, a primeira coisa que você tem de trabalhar é ser excessivamente preocupada com as aparências. Lembre-se de que olho para seu coração, não para a aparência exterior. O que é mais importante para mim deve ser também o mais importante para você. Resista ao desejo de parecer boa para o mundo ou misturada com ele. Reconheça que a maioria das pessoas que aparenta autossuficiência está, na verdade, lutando profundamente: muitas são sempre dependentes de substâncias nocivas para ajudar a manter a aparência.

Confiança em mim resulta em vida abundante, porque é o modo que eu estabeleci para você viver. Eu criei as pessoas para serem dependentes de mim. A essência do primeiro pecado de Adão e Eva foi o desejo de serem *como* Deus e, desse modo, poderem viver independentemente. Desde então, depender de mim a todo tempo tem ido contra o cerne da natureza humana. Note que eu disse "a todo tempo". É assim que quero que você confie em mim. Depender de mim em circunstâncias difíceis é um bom começo. Contudo, quanto mais seguidamente você buscar ajuda em mim, mais descobrirá que sou fiel. Eu a sustenho momento após momento; assim, nunca haverá um instante em que você não precisará de mim. Ter consciência de sua necessidade é, de fato, uma rica bênção, pois liga você a mim e a meu abundante suprimento!

O Senhor, contudo, disse a Samuel:
"Não considere sua aparência nem sua altura,
pois eu o rejeitei. O Senhor não vê como o homem:
o homem vê a aparência, mas o Senhor vê o coração."
1Samuel 16:7

Disse a serpente à mulher: "Certamente não morrerão! [...]
vocês, como Deus, serão conhecedores do bem e do mal."
Gênesis 3:4,5

Sempre tenho o Senhor diante de mim.
Com ele à minha direita, não serei abalado.
Salmos 16:8

> *Compreendo você em toda a sua complexidade;*
> *nenhum detalhe de sua vida está oculto de mim.*
> *Vejo você pelos olhos da graça; por isso, não receie*
> *que eu tenha íntima consciência de tudo.*

Querido Jesus,
é totalmente maravilhoso o fato de tu entenderes tudo de mim com absoluta precisão. Mas isso poderia também ser assustador, se tu me visses com os olhos da lei e não com os da graça. Infelizmente, muitas vezes eu me vejo de modo legalista, avaliando o quão bem estou me saindo. Percebo como isso é tolo, porque o que faço vai ser sempre insuficiente para atender a teu santo padrão. É por isso que eu preciso desesperadamente da tua graça! Por favor, ajuda-me a ver a mim e aos outros pelos olhos da graça.

Querida, venha para mim e receba meu inabalável amor. Você está agitada com o medo de falhar, mas meu amor por você nunca falhará. Deixe-me descrever o que eu vejo por meio dos olhos da graça. Você está magnificente, pois a vesti com minha justiça real. Está radiante, especialmente quando me contempla. Você é amável quando reflete minha glória. Na verdade, você me deleita tanto, que eu me regozijo com gritos de alegria! É assim que você é na minha visão de graça.

Uma vez que eu sou infinito, posso ver simultaneamente como você é agora e como será nos céus. A visão do presente me ajuda a operar em você naqueles aspectos em que precisa mudar. A visão celestial me capacita a amá-la com amor perfeito e eterno.

O melhor modo de ver por meio dos olhos da graça é ver pelas lentes do meu amor inabalável. Se você perseverar nessa prática, descobrirá que é gradualmente mais fácil estender a graça para si e para os outros.

Como é precioso o teu amor, ó Deus!
Os homens encontram refúgio à sombra das tuas asas.
Salmos 36:7

Busquei o SENHOR, e ele me respondeu; livrou-me de todos os meus temores. Os que olham para ele estão radiantes de alegria; seus rostos jamais mostrarão decepção.
Salmos 34:4,5

O SENHOR, o seu Deus, está em seu meio [...]
Ele se regozijará em você [...] ele se regozijará em você com brados de alegria.
Sofonias 3:17

> *Não se preocupe, pois eu estou com você.*
> *Ouça-me dizer "Aquiete-se! Acalme-se!"*
> *a seu coração inquieto.*

Querido Jesus,

o medo parece vir muito naturalmente a mim, como se fosse minha configuração padrão, quando deixo meus pensamentos correrem livremente. Paz, por outro lado, requer um esforço contínuo e certa vigilância. Preciso me manter consciente da tua presença comigo a fim de aquietar meu coração ansioso. Confesso que frequentemente te perco de vista, como se o mundo visível atraísse minha atenção para longe da tua realidade invisível.

Amada, eu entendo o quanto você é vulnerável às coisas que impressionam seus sentidos. Também é bom que você esteja consciente dessa fraqueza. Além disso, você reconhece que eu sou a resposta à sua vulnerabilidade. Sua condição é muito humana: o mundo visível impressiona profundamente todos os meus filhos. Por causa dessa tendência humana comum, minha Palavra exorta você a estar alerta e em oração, com os olhos fixos em mim, trazendo cada pensamento cativo a mim.

Os sons do mundo (bem como seus pontos de vista) tendem a levá-la para longe de mim. Você precisa de um lugar tranquilo a fim de ouvir minha voz. Quando você estiver intencionalmente em minha presença para ouvir, guiarei sua mente para pensar meus pensamentos. Traga-me seu coração inquieto e espere até que eu fale de paz em suas profundezas, acalmando as águas agitadas da sua alma.

Ele se levantou, repreendeu o vento e disse ao mar:
"Aquiete-se! Acalme-se!" O vento se aquietou, e fez-se
completa bonança.
Marcos 4:39

Orem no Espírito em todas as ocasiões,
com toda oração e súplica; tendo isso em mente,
estejam atentos e perseverem na oração
por todos os santos.
Efésios 6:18

[...] tendo os olhos fitos em Jesus,
autor e consumador da nossa fé. Ele, pela alegria
que lhe fora proposta, suportou a cruz, desprezando a
vergonha, e assentou-se à direita do trono de Deus.
Hebreus 12:2

Destruímos argumentos e toda pretensão que se levanta
contra o conhecimento de Deus, e levamos cativo todo
pensamento, para torná-lo obediente a Cristo.
2Coríntios 10:5

> *Quando você vive em contato próximo comigo,*
> *a luz da minha presença se espalha de você*
> *para abençoar outros. Sua fraqueza e suas feridas*
> *são aberturas pelas quais a luz do conhecimento*
> *da minha glória resplandece.*

Querido Jesus,

tu és absolutamente perfeito em todos os teus caminhos!
É maravilhoso que tu queiras viver em contato próximo comigo, porque nós dois sabemos o quão falha eu sou. Eu gostaria de poder trazer a ti uma versão melhorada de mim, mas sei fazer melhor do que tentar fingir para ti. Então, eu me aproximo de ti assim como sou: fraca e ferida.

Amada, sua honestidade e vulnerabilidade me atraem até você. Sinta a luz da minha presença brilhando sobre e dentro de você. Deixe que esses raios que curam encharquem seu ser profundamente. Eu quero que você receba minha bênção e também seja uma fonte de bênção para outras pessoas. Essas coisas que a perturbam tantas vezes — sua fraqueza e suas dores — são muito úteis para mim ao ajudar outros.

Tenho feito brilhar em seu coração a luz do conhecimento da glória revelada em minha face. Tanta luz e glória não podem simplesmente ficar dentro de você! Sua fraqueza e suas feridas são aberturas pelas quais um pouco dessa gloriosa luz se espalha. Ao deixar expostas essas partes humilhadas e feridas de seu ser, você abençoa outros: minha luz brilha através de você para a vida deles. Portanto, sua fraqueza e suas feridas consagradas a mim se tornam tesouros em meu Reino.

Deus, que disse: "Das trevas resplandeça a luz",
ele mesmo brilhou em nossos corações, para iluminação do
conhecimento da glória de Deus na face de Cristo.
2Coríntios 4:6

Como é feliz o povo que aprendeu a aclamar-te, Senhor,
e que anda na luz da tua presença!
Salmos 89:15

Temos esse tesouro em vasos de barro,
para mostrar que este poder que a tudo excede provém de
Deus, e não de nós. De todos os lados somos pressionados,
mas não desanimados; ficamos perplexos, mas não
desesperados; somos perseguidos, mas não abandonados;
abatidos, mas não destruídos.
2Coríntios 4:7-9

> *Lembre-se de que eu posso agir em todas as coisas*
> *para o bem, incluindo naquelas que você desejaria*
> *que fossem diferentes. Comece com as coisas*
> *onde você está hoje, aceitando que é esse*
> *o lugar que designei para você estar.*

Querido Jesus,

como eu anseio ver esse padrão de bem que engloba todas as coisas! Eu não consigo nem começar a imaginar como tu podes agir em todas as coisas desse modo. Minha situação presente parece um grande equívoco para mim, algo que eu deveria ter sido capaz de evitar. Estou tentando aceitar essas circunstâncias como tua vontade, mas é como se eu estivesse subindo um penhasco íngreme com as unhas cravadas nele. Ajuda-me a ter um novo começo, exatamente onde estou.

Amada, mesmo que eu mostrasse como posso agir em todas as coisas, você não seria capaz de compreender. Algumas coisas — muitas delas — estão além de sua compreensão. Não se satisfaça em ficar obcecada com aquilo que poderia ter feito de modo diferente, pois isso é um exercício que está fora da realidade. O passado não pode ser diferente daquilo que de fato ocorreu.

Só existe um lugar para ter um novo começo, e é o AGORA: a única interseção de tempo e espaço em que você presentemente habita. Creio que você pode aceitar o presente momento sem muita dificuldade. Afinal, você está conversando comigo, seu Salvador e Pastor, neste exato momento. Você poderá também tomar o próximo momento quando ele vier, e o próximo. O que você acha mais difícil de aceitar é como o futuro lhe parece quando baseia suas predições nas circunstâncias atuais. Mas o futuro é apenas uma das *coisas secretas* que estão além do seu domínio. Portanto, deixe-o comigo, o justo Possuidor. Recuse-se a se preocupar com o futuro, e você descobrirá que meu suprimento para hoje é suficiente. Lembre-se de que eu sou parte desse suprimento e que nada é impossível para mim!

Sabemos que Deus age em todas as coisas
para o bem daqueles que o amam, dos que foram chamados
de acordo com o seu propósito.
Romanos 8:28

As coisas encobertas pertencem ao Senhor, ao nosso Deus,
mas as reveladas pertencem a nós e aos nossos filhos para
sempre, para que sigamos todas as palavras desta lei.
Deuteronômio 29:29

Pois nada é impossível para Deus.
Lucas 1:37

> *Em lugar de planejar e avaliar,*
> *pratique confiar em mim e agradecer-me continuamente.*
> *Essa é uma mudança de paradigma*
> *que irá revolucionar sua vida.*

Querido Jesus,
tu certamente me conheces muito bem! Quando está ociosa, minha mente se desvia e começa a planejar e avaliar. Parece que sou viciada em planejar. Imagino que esse seja o caminho para eu tentar me sentir mais tranquila, mas, na verdade, tem o efeito oposto: fico cada vez mais ansiosa. Avaliar também parece ser minha segunda natureza, como se fosse minha responsabilidade fazer um julgamento sobre tudo e todos. Por favor, ajuda-me a me libertar dessas tendências nocivas.

Querida, um modo efetivo de tratar com vícios é substituir o comportamento nocivo por boas reações. Quando você se pegar divagando sobre seu já gasto ato de planejar, pare e afirme sua confiança em mim. Isso pode ser feito de maneira simples, como dizer: "Eu confio em ti, Jesus; ajuda-me com isso." Lembre-se de que eu estarei com você no futuro, ajudando-a a tomar decisões quando precisar. Assim, você pode substituir o planejamento compulsivo por declarações de confiança. Ao fazer isso, seu nível de ansiedade irá diminuir drasticamente.

Seu senso de responsabilidade de fazer julgamento sobre tudo é nocivo e distorcido. Essa atitude facilmente se corrompe em crítica e reclamação. Mesmo que você não perceba isso, muito de sua negatividade é, em última análise, dirigida a mim, aquele que é soberano sobre todas as coisas. Palavras de gratidão são o melhor substituto para suas críticas e murmurações. Há sempre muitas coisas pelas quais você pode me agradecer, especialmente pela provisão da vida eterna. Ao praticar confiar em mim e me agradecer, a qualidade da sua vida irá aumentar imensamente.

Mudar seus padrões de pensamento requer tempo e disciplina mental. No entanto, os resultados valem todo o esforço: sua atitude grata e confiante trará prazer a mim e bênção abundante a você.

Portanto, humilhem-se debaixo da poderosa mão de Deus, para que ele os exalte no tempo devido. Lancem sobre ele toda a sua ansiedade, porque ele tem cuidado de vocês.
1Pedro 5:6,7

O Senhor dá força ao seu povo;
o Senhor dá a seu povo a bênção da paz.
Salmos 29:11

Não julguem, para que vocês não sejam julgados.
Mateus 7:1

> *Procure por uma estrela-guia em sua vida,*
> *e você ficará desejosa de seguir para onde quer que eu a guie.*
> *Eu sou o Sol nascente, que, do alto, visita você,*
> *para guiar seus pés no caminho da paz.*

Querido Jesus,
eu anseio muito por trilhar no caminho da paz, e creio que tu és o único caminho. Peço que tua luz brilhe sobre mim mais e mais. Preciso continuamente da luz da tua presença, pois vivo em um mundo frio e trevoso. Desejo tua presença radiante, não somente para me aquecer, mas também para me dirigir. Por favor, guia-me pelo caminho da paz.

Amada, minha presença irradia a luz que ajuda você a encontrar o caminho da paz. Minha Palavra ilumina sua mente e seu coração, capacitando você a permanecer no caminho certo. Ao ler as Escrituras, busque uma estrela-guia. Peça que meu Espírito ilumine aquelas palavras para seu coração que as busca. Elas são palavras de vida!

Lembre-se de que eu sou seu Pastor. Para trilhar o caminho da paz, você precisa me seguir com sinceridade de coração. Se houver desvios, mesmo que muito pequenos, no caminho de minha liderança, você se coloca em risco. Você ainda será capaz de me ver por um tempo se seguir o próprio caminho "só um pouquinho". Mas, por fim, terá me perdido de vista completamente. Desviar-se, mesmo uns poucos graus, do curso irá, por fim, levá-la para muito longe de mim. Se seus pés não estiverem mais no caminho da paz, você se descobrirá cada vez mais ansiosa. A coisa mais importante neste momento é perceber que você perdeu o caminho. Se você for humilde o suficiente, poderá invocar-me para ajudá-la. Estou perto de todo aquele que me invoca. Ouvirei seu clamor e a salvarei, levando-a de volta ao caminho da paz.

[...] por causa das ternas misericórdias de nosso Deus, pelas quais do alto nos visitará o sol nascente, para brilhar sobre aqueles que estão vivendo nas trevas e na sombra da morte, e guiar nossos pés no caminho da paz.
Lucas 1:78,79

Respondeu Jesus: "Eu sou o caminho, a verdade e a vida. Ninguém vem ao Pai, a não ser por mim."
João 14:6

A tua palavra é lâmpada que ilumina os meus passos e luz que clareia o meu caminho.
Salmos 119:105

O SENHOR está perto de todos os que o invocam, de todos os que o invocam com sinceridade. Ele realiza os desejos daqueles que o temem; ouve-os gritar por socorro e os salva.
Salmos 145:18,19

> *O que busco em meus filhos é uma alma despertada*
> *que vibre com a alegria da minha presença!*
> *Criei a humanidade para me glorificar e desfrutar*
> *de mim para sempre. Eu lhe dei a alegria; sua parte*
> *é glorificar-me por viver próxima de mim.*

Querido Jesus,
desejo ter uma alma plenamente despertada! Tenho percebido que nada satisfaz mais do que a alegria da tua presença. No entanto, com frequência estou sujeita a uma alma amortecida: que considera já ter conquistado todas as bênçãos da vida, que está excessivamente focada nas coisas negativas, que compra a versão mundana da vida boa. Ajuda-me a me libertar desses pesos mundanos, para que minha alma possa voar nas maiores alturas contigo.

Amada, o fato de você aspirar por uma alma despertada já é uma fonte de prazer para mim. Muitos de meus filhos veem a devoção a mim como um dever e procuram prazer em outros lugares. Eles erram por não entender que a alegria da minha presença ofusca até mesmo a mais deleitável alegria terrenal. Sem dúvida, isso não é uma situação de e/ou. Você não tem de escolher entre desfrutar de mim ou das muitas boas dádivas que eu dou. É simplesmente uma questão de prioridades: quero que você me entesoure acima de tudo o mais. Na verdade, quanto mais plenamente você me desfrutar, mais capacidade terá de apreciar as bênçãos que derramo sobre você. Quando faz de mim seu prazer definitivo, você me glorifica ao desejar proximidade comigo. Se você se deleitar em mim, eu estarei livre para abençoá-la com muitas coisas que a agradam. Se você me mantiver em primeiro lugar na sua vida, minhas boas dádivas não se tornarão ídolos. Deleite-se em mim, e eu atenderei aos desejos do seu coração.

Pois os olhos do Senhor estão atentos sobre toda a terra para fortalecer aqueles que lhe dedicam totalmente o coração.
2Crônicas 16:9

Tu me fizeste conhecer os caminhos da vida e me encherás de alegria na tua presença.
Atos 2:28

Toda boa dádiva e todo dom perfeito vêm do alto, descendo do Pai das luzes, que não muda como sombras inconstantes.
Tiago 1:17

Deleite-se no Senhor,
e ele atenderá aos desejos do seu coração.
Salmos 37:4

> *A intimidade que eu lhe ofereço não é um convite*
> *para agir como se fosse minha igual. Adore-me como*
> *Rei dos reis enquanto anda lado a lado comigo*
> *pelo caminho da vida.*

Querido Jesus,
sei que frequentemente te trato com menos reverência do que mereces, especialmente quando estou chateada com o rumo que as coisas estão tomando em minha vida. Quando estou ferida, busco alguém a quem culpar — e, muitas vezes, esse alguém és tu. Perdoa-me por me rebelar contra ti e contra teus caminhos. Obrigada pelo maravilhoso privilégio de te conhecer intimamente.

Querida, eu assumi um grande risco quando criei a humanidade à minha imagem. Fiz você com o potencial de me reverenciar e amar livremente, sem coerção. Ao fazer isso, dei-lhe liberdade para me tratar como alguém igual a você — ou pior que você. Paguei um preço imenso pela sua liberdade: meu sangue. Esse pagamento tornou-lhe possível conhecer-me, o Rei dos reis e o Senhor dos senhores. Quando um de meus filhos se aproxima de mim em temor reverente, abro meu coração e ofereço amizade íntima. A alegria que compartilhamos um com o outro não pode ser medida.

De tempos em tempos você ultrapassa os limites, esquecendo que EU SOU. Você fala comigo de modo descuidado, até mesmo calunioso. Nossa intimidade é impedida por sua atitude irreverente, mas meu amor por você é constante.

Quando você se lembra da minha majestosa presença e volta para mim, arrependida, eu corro para encontrá-la e envolvê-la com meu abraço. Celebro com você a alegria de estarmos próximos outra vez, e, assim, andarmos juntos pelo caminho da vida.

Até a manifestação de nosso Senhor
Jesus Cristo, a qual Deus fará se cumprir
no seu devido tempo.
Ele é o bendito e único Soberano,
o Rei dos reis e Senhor dos senhores.
1Timóteo 6:14,15

Respondeu Jesus:
"Eu lhes afirmo que antes de Abraão nascer, Eu Sou!"
João 8:58

A seguir, levantou-se e foi para seu pai.
Estando ainda longe, seu pai o viu e, cheio de compaixão,
correu para seu filho, e o abraçou e beijou.
Lucas 15:20

> *Em vez de apenas perseguir*
> *uma meta em sua mente, fale sobre ela comigo.*
> *Deixe que a luz de minha presença*
> *brilhe sobre essa meta, para que, assim,*
> *você possa vê-la do meu ponto de vista.*

Querido Jesus,
perseguir metas é algo que me ocorre muitas vezes tão naturalmente quanto respirar. Quando um objetivo ganha a minha
atenção, meu instinto é ir até ele sem, de fato, pensar a respeito. Posso gastar muito tempo e energia em alguma coisa apenas
para perceber, mais tarde, que era um objetivo errado. Quando
invisto tempo para, antes de tudo, discutir o assunto contigo,
minha vida é muito mais satisfatória.

Amada, há muitos benefícios em falar comigo, antes, durante
e depois de perseguir uma meta. A luz da minha presença ilumina seu objetivo para que, assim, você possa vê-lo mais claramente. Quando você fala sobre ele comigo, ganha uma nova
perspectiva sobre esse empenho. A mudança mais importante
em sua perspectiva é um desejo crescente de me agradar. Esse
desejo produz benefícios que vão muito além da tarefa a ser
realizada. Isso aprofunda seu relacionamento comigo.

Se você definir que sua meta está de acordo com a minha
vontade, então, persiga-a confiantemente. Enquanto vai trabalhando em cooperação comigo, continue a falar-me sobre o que
está fazendo. Quando o objetivo for alcançado, agradeça-me pela
minha ajuda e direção. Regozije-se naquilo que fizemos juntos!

Como é feliz o povo que aprendeu a aclamar-te,
SENHOR, e que anda na luz da tua presença! Sem cessar
exultam no teu nome, e alegram-se na tua retidão.
Salmos 89:15,16

Muitos são os planos no coração do homem,
mas o que prevalece é o propósito do SENHOR.
Provérbios 19:21

Entregue o seu caminho ao SENHOR; confie nele, e ele agirá.
Salmos 37:5

Tudo posso naquele que me fortalece.
Filipenses 4:13

> *Eu não sou um Deus descuidado.*
> *Quando permito que dificuldades venham a você,*
> *eu a capacito plenamente para lidar com elas.*

Querido Jesus,
sei que tu és perfeito em todos os teus caminhos; por isso, é impossível para ti seres descuidado. No entanto, também sei que tu és absolutamente soberano: nada acontece que tu não tenhas permitido. Quando as dificuldades da minha vida me esmagam — eventos que eu poderia ter evitado —, por vezes sinto como se tu não estivesses cuidando de mim. Creio que tu me equipas para lidar com o que quer que me aconteça, mas eu preciso da tua ajuda para usar o *equipamento*.

Amada, perceber que você precisa da minha ajuda é metade da batalha. Você precisa também da minha Palavra e do meu Espírito. A Bíblia dá a você a sabedoria essencial: minhas promessas de estar perto e cuidar de você, exortações para ajudá-la a evitar armadilhas pecaminosas, oferta de perdão para quando você "errar o alvo", promessas de que meu Espírito vive em você e a capacita.

É importante não ficar surpresa com as muitas provações que entram em sua vida nem ficar alarmada com elas. Enquanto não alcançar o lar definitivo nos céus, você estará em uma guerra. Quando você tem ideia do tempo de guerra, é mais fácil lidar com as dificuldades conforme aparecerem: você não perde tempo nem energia lamentando as circunstâncias e evita a armadilha de se sentir escolhida para as adversidades.

De fato equipo-a plenamente para lidar com as dificuldades. Mas você tem de se empenhar para usar o que eu lhe dei: minha presença, minha Palavra, meu Espírito. Venha para mim com seu fardo pesado, e você encontrará descanso para sua alma.

Não tema, pois estou com você; não tenha medo,
pois sou o seu Deus. Eu o fortalecerei e o ajudarei;
eu o segurarei com a minha mão direita vitoriosa.
Isaías 41:10

Estejam alertas e vigiem. O diabo, o inimigo de vocês,
anda ao redor como leão, rugindo e procurando a quem
possa devorar. Resistam-lhe, permanecendo firmes na fé,
sabendo que os irmãos que vocês têm em todo o mundo
estão passando pelos mesmos sofrimentos.
1Pedro 5:8,9

Venham a mim, todos os que estão cansados e
sobrecarregados, [...] e vocês encontrarão descanso
para as suas almas.
Mateus 11:28,29

> *Gaste tempo comigo pelo simples prazer*
> *de estar em minha companhia. Posso resplandecer*
> *no mais tedioso dos dias cinzentos; posso acrescentar brilho*
> *à rotina de sua vida diária.*

Querido Jesus,
ficar um tempo em tua companhia, singelamente consciente da tua presença, é o deleite máximo. É um antegozo dos prazeres eternos que tu preparaste para mim. No entanto, confesso que o dia a dia da vida tende a me puxar para baixo: meu foco nas obrigações rotineiras obscurece minha consciência da tua Pessoa. Quero desfrutar tua presença contínua em tudo o que faço.

Amada, espere em minha presença enquanto me revelo para você. Deixe de lado os pensamentos sobre as tarefas que lhe aguardam e foque-se agradavelmente em mim. Permita que a certeza da minha presença seja impressa em sua consciência. Então, mova-se gentilmente desse momento de contemplação para suas obrigações rotineiras. Recuse-se a ver essa parte de seu tempo como algo tedioso. Em vez disso, continue a comunicar-se comigo, pedindo-me para estar intensamente envolvido em seu trabalho.

Tendo-se conectado comigo em um nível profundo, você vai me encontrar mais facilmente em meio a suas atividades. Naturalmente, você vai me perder de vista por vezes — sei que é humana. Mas você pode se reconectar prontamente ao mover-se em direção a mim com pensamentos, palavras e sentimentos. Quanto mais você me incluir em sua percepção, mais brilhante seu dia será: sua rotina cintilará com a minha companhia cheia de vida.

Espero no Senhor com todo o meu ser,
e na sua palavra ponho a minha esperança.
Espero pelo Senhor mais do que as sentinelas pela manhã;
sim, mais do que as sentinelas esperam pela manhã!
Salmos 130:5,6

Como um pai tem compaixão de seus filhos,
assim o Senhor tem compaixão dos que o temem;
pois ele sabe do que somos formados;
lembra-se de que somos pó.
Salmos 103:13,14

"Pois nele vivemos, nos movemos e existimos",
como disseram alguns dos poetas de vocês:
"Também somos descendência dele."
Atos 17:28

> À medida que se entrega mais e mais a uma vida
> de constante comunhão comigo, você descobrirá
> que simplesmente não tem tempo para se afligir.

Querido Jesus,
odeio dizer isto, mas eu sempre encontro tempo para me angustiar!
Tenho lutado contra esse monstro da preocupação há anos, mas
com pouco sucesso. Tentar não me preocupar é como tentar não
pensar em nada: quanto mais tento, mais ansiosa fico. Definitivamente preciso de tua ajuda nesta batalha.

Amada, você precisa de minha ajuda, pois lutar essa guerra
com sua força tem sido bastante contraprodutivo: agora você
está se preocupando com ficar preocupada! Sua melhor estratégia é parar de focar esse problema e colocar sua energia em
comunicar-se mais comigo. Essa aproximação irá ajudá-la a
alcançar a libertação de todo tipo de tendência negativa, incluindo a preocupação. A ideia é substituir o comportamento
danoso e autodestrutivo por algo maravilhosamente positivo:
comunicar-se com seu Criador e Salvador.

Por ser seu Criador, conheço bem como você funciona: pre-
parei-a para ter uma rica comunhão comigo. Como seu Salvador,
também sei quando você não funciona bem. Lembre-se de que
eu morri por todos os seus pecados. Não apenas fale comigo, mas
me ouça também. Eu lhe falo por meio de minha Palavra, de meu
Espírito, de minha criação. À medida que você se der mais e mais
para comunicar-se comigo, perceberá que seu tempo de afligir-se
irá desvanecer.

Quem de vocês, por mais que se preocupe,
pode acrescentar uma hora que seja à sua vida?
Visto que vocês não podem sequer fazer uma coisa
tão pequena, por que se preocupar com o restante?
Lucas 12:25,26

O coração ansioso deprime o homem,
mas uma palavra bondosa o anima.
Provérbios 12:25

Mostra-me, Senhor, os teus caminhos,
ensina-me as tuas veredas;
guia-me com a tua verdade
e ensina-me, pois tu és Deus, meu Salvador,
e a minha esperança está em ti o tempo todo.
Salmos 25:4,5

Orem continuamente.
1Tessalonicenses 5:17

> *Confie seus amados a mim.*
> *Deixe-os sob meu cuidado protetor.*
> *Eles estão muito mais seguros comigo*
> *do que em suas mãos apertadas.*

Amado Jesus,
penso que, às vezes, confundo amar os outros com socorrê-los. Quando um ente querido tem um problema, frequentemente me sinto responsável por apresentar uma solução. Mergulho de cabeça na tarefa de resolver problemas como se eu fosse obrigada a dar bons conselhos. Por favor, ajuda-me a parar de me sentir responsável por consertar a vida das pessoas, pois isso é teu papel, não meu.

Querida, de fato é prerrogativa minha trazer mudança à vida das pessoas, do modo como eu escolho fazer isso. Você pode ser parte do processo, mas lembre-se de que eu sou o Autor e o Diretor da história: você precisa seguir meu roteiro em vez de criar o seu. Não usurpe meu papel na vida das pessoas, não importa o quanto você deseje ajudá-las.

Quando se sentir compelida a socorrer alguém a quem ama, dê uma boa olhada na qualidade do seu amor. Aprenda de mim, pois tenho toda a autoridade nos céus e na terra: posso socorrer ou controlar qualquer um de acordo com a minha vontade. Mesmo tendo intencionalmente criado as pessoas com a capacidade de escolher o bem ou o mal, quero que elas sejam livres para me amar ou não. Amor que não é escolha não é real!

Submeta seu amor deficiente e controlador ao meu, que é perfeito e capacitador. Entregue seus amados a mim em oração. Restrinja seus impulsos de resolver os problemas deles. Em vez disso, use seu tempo e sua energia para ouvi-los e orar por eles. Confie no meu amor e na minha insondável sabedoria. Posso produzir mudanças na vida de seus amados muito além do que você possa pedir ou imaginar. Ao entregar esses preciosos a mim, demore-se um pouco em meu inabalável amor por eles e também por você.

Jesus aproximou-se deles e disse:
"Foi-me dada toda a autoridade no céu e na terra."
Mateus 28:18

Àquele que é capaz de fazer infinitamente mais
do que tudo o que pedimos ou pensamos,
de acordo com o seu poder que atua em nós,
a ele seja a glória na igreja e em Cristo Jesus,
por todas as gerações, para todo o sempre! Amém!
Efésios 3:20,21

Faze-me ouvir do teu amor leal pela manhã,
pois em ti confio. Mostra-me o caminho que devo seguir,
pois a ti elevo a minha alma.
Salmos 143:8

> *Esperar, confiar e manter a esperança*
> *estão intrinsecamente conectados:*
> *são como fios de ouro entrelaçados para formar*
> *uma forte corrente. Confiar é o fio central,*
> *pois é a resposta que mais desejo*
> *por parte dos meus filhos.*

Querido Jesus,
muitas vezes sinto que esperar é o que eu faço a maior parte do tempo. Admito que para mim é difícil aguardar: prefiro fazer as coisas acontecerem, sem demora. Manter a esperança parece-me muito semelhante a esperar: tem relação com coisas futuras que estão fora do meu controle. No entanto, tenho visto que, quando confio em ti de modo ativo, a espera e a esperança fluem naturalmente da minha proximidade de ti.

Amada, confiar em mim é crucial e dá sentido à espera e à esperança. Sem confiança, sua conexão comigo se deteriora rapidamente. É por isso que a Bíblia contém muitas ordens de confiar em mim. Quando você afirma sua fé em mim, eu a capacito a esperar com expectativas otimistas. Esperar em mim é, de fato, um grande privilégio, cheio de promessas e de bênçãos. Esperar naquele que é Rei sempre foi considerada uma posição elevada, pois envolve proximidade com quem tem a majestade. Damas de companhia podiam realizar tarefas humildes, como ajudar a rainha a se vestir; no entanto, essas ajudadoras eram altamente estimadas, embora servissem apenas a rainhas pecadoras e mortais. Quanto mais você deve considerar como tesouro o privilégio de me servir, o Rei eterno, o Deus único, imortal e invisível!

Manter a esperança pode ser uma ocupação alegre, pois conecta você a sua prometida herança nos céus. Essa esperança provê, no presente, um sólido fundamento na rocha, ajudando-a a enfrentar a luta diária de viver em um mundo esfacelado. A esperança também a conecta a mim, pois eu sou o Deus da esperança. Minha morte na cruz abriu a você o caminho para unir-se à minha família real e viver comigo para sempre.

Confie nele em todos os momentos, ó povo;
derrame diante dele o coração, pois ele é o nosso refúgio.
Salmos 62:8

Ao Rei eterno, o Deus único, imortal e invisível,
sejam honra e glória para todo o sempre. Amém.
1Timóteo 1:17

Que o Deus da esperança os encha de toda alegria e paz,
por sua confiança nele, para que vocês transbordem
de esperança, pelo poder do Espírito Santo.
Romanos 15:13

> *Eu sei o quão profunda e amplamente*
> *você precisa de mim. Posso ler*
> *o vazio de seus pensamentos*
> *quando eles vagam para longe de mim.*

Querido Jesus,

quanto mais vivo, mais reconheço o quão desesperadamente preciso de ti. Quero que tu sejas o centro da minha vida. Mas eu me distraio com muita facilidade: meus pensamentos vagam para longe de ti tão prontamente quanto as águas fluem colina abaixo. Preciso da tua ajuda *o tempo todo*.

Amada, reconhecer a extensão da sua necessidade é um aspecto de sua força. Os seres humanos podem ser divididos em duas categorias: os necessitados que reconhecem sua insuficiência e os necessitados que a ignoram.

Reconhecer, no entanto, é só metade do caminho. A outra metade é voltar-se para mim em vez de buscar substitutos idolátricos para preencher seu vazio. Por mais atraentes que os substitutos possam parecer, eles não suprem uma satisfação duradoura.

Ter pensamentos que vagueiam é característica humana. Seus pensamentos e sentimentos são constantemente influenciados pelo peso desse mundo caído. Enquanto viver na terra, você terá de lutar contra essa "gravidade" espiritual-emocional que a leva para longe de mim. Felizmente, voltar seus pensamentos para mim não é tão árduo quanto carregar água colina acima. Uma oração curta em meu nome é suficiente para reconectá-la a mim, pois eu nunca estou distante de ti. Na verdade, prometi estar com você sempre — perpetuamente, sempre do mesmo modo e em cada ocasião —, de agora até o fim dos tempos.

Assim, façam morrer tudo o que pertence
à natureza terrena de vocês: imoralidade sexual, impureza,
paixão, desejos maus e a ganância, que é idolatria.
Colossenses 3:5

Deus fez isso para que os homens o buscassem
e talvez, tateando, pudessem encontrá-lo,
embora não esteja longe de cada um de nós.
Atos 17:27

Ensinando-os a obedecer a tudo o que eu lhes ordenei.
E eu estarei sempre com vocês, até o fim dos tempos.
Mateus 28:20

> *Quanto mais plenamente o Espírito Santo controlar*
> *sua mente e suas ações, mais você se tornará livre em mim.*
> *Você será cada vez mais libertada para ser aquilo*
> *que eu criei você para ser.*

Querido Jesus,

isto parece uma contradição: ser livre sendo controlada. Porém, eu sei que, quando teu Espírito está controlando meu pensamento e meu comportamento, eu me sinto mais viva, mais real! Tu tens-me ensinado a orar: "Santo Espírito, pensa por mim, vive por mim, ama por mim." Eu me dou conta de que estou mais contente quando intencionalmente me submeto a ti, convidando-te a viver pelo meu intermédio. Mesmo assim, meu desejo de estar no controle e de fazer as coisas do meu jeito muitas vezes me sabota.

Amada, em meu Reino a liberdade vem da submissão à minha vontade, que é perfeita. Uma vez que eu sou infinito e você não é, minha vontade poderá parecer qualquer coisa, menos perfeita. Quero que confie em mim todo o tempo, mesmo quando não puder entender o que estou fazendo. O Espírito Santo vai ajudá-la nisso, se você convidá-lo a controlar seus pensamentos. Ele vive nas profundezas do seu espírito e a conhece melhor do que você mesma. A obra dele em você é libertá-la para se tornar mais completamente aquilo que planejei que você fosse. O Espírito e eu trabalhamos juntos em perfeita harmonia.

Fico satisfeito quando pede que meu Espírito pense, viva e ame através de você. Esse é o modo colaborativo de viver que eu tinha em mente quando criei a humanidade. Quanto mais colaborar com o Espírito, mais livre você será: livre para viver de modo exuberante, para amar de modo extravagante, para conhecer-me com intimidade cada vez maior!

A mentalidade da carne é morte,
mas a mentalidade do Espírito é vida e paz.
Romanos 8:6

Não se amoldem ao padrão deste mundo,
mas transformem-se pela renovação da sua mente,
para que sejam capazes de experimentar
e comprovar a boa, agradável e perfeita
vontade de Deus.
Romanos 12:2

Da mesma forma o Espírito nos ajuda em nossa fraqueza,
pois não sabemos como orar, mas o próprio Espírito intercede
por nós com gemidos inexprimíveis. E aquele que sonda os
corações conhece a intenção do Espírito, porque o Espírito
intercede pelos santos de acordo com a vontade de Deus.
Romanos 8:26,27

> *Estou sempre muito próximo de você,*
> *pairando sobre seus ombros, lendo cada pensamento.*
> *As pessoas acreditam que pensamentos são fugazes*
> *e sem importância, mas os seus são preciosos para mim.*

Querido Jesus,

isso é glorioso — até mesmo desconcertante! Meus pensamentos não são apenas a parte de mim que sinto ser a mais escondida e secreta, mas também a parte mais difícil de controlar. No relacionamento com outras pessoas, posso interagir com elas ao mesmo tempo que mantenho meus pensamentos secretos para mim mesma. Tua habilidade de ler cada pensamento meu é alarmante, mas é também maravilhosa. É um alívio existir alguém de quem eu não posso me esconder: manter segredos gera solidão. Além disso, o fato de tu teres cuidado com cada aspecto da minha pessoa — mesmo todos os meus pensamentos — demonstra quanto sou importante para ti.

Amada, eu sei o quanto é difícil para você controlar seus pensamentos. Sua mente é um campo de batalha, e espíritos malignos trabalham incansavelmente para influenciar seus pensamentos, até mesmo enganando-a com pensamentos intrusivos. Sua pecaminosidade também encontra ampla expressão nos pensamentos. Você precisa estar alerta e lutar contra o mal! Eu lutei e morri por você. Então, lembre-se do que e de quem você é; assim, você usa o capacete da salvação. Ele não protege apenas sua mente, mas também a relembra da vitória que eu lhe assegurei na cruz.

Seus pensamentos são preciosos para mim porque você é meu tesouro. Assim que seu pensar se volta para os meus caminhos, eu percebo e me regozijo. Quanto mais pensamentos você trouxer a mim, mais poderá partilhar da minha alegria. Eu desarmo os pensamentos malignos e os torno impotentes. Assim, ajudo-a a pensar no que é verdadeiro, nobre, correto, puro, amável, de boa fama — coisas excelentes e dignas de louvor. Pondere nessas coisas ao descansar na paz da minha presença.

SENHOR, tu me sondas e me conheces.
Sabes quando me sento e quando me levanto;
de longe percebes os meus pensamentos.
Salmos 139:1,2

Usem o capacete da salvação e a espada do Espírito,
que é a palavra de Deus.
Efésios 6:17

Finalmente, irmãos, tudo o que for verdadeiro,
tudo o que for nobre, tudo o que for correto,
tudo o que for puro, tudo o que for amável,
tudo o que for de boa fama, se houver algo de excelente
ou digno de louvor, pensem nessas coisas.
Filipenses 4:8

> *Preparei este dia com a mais terna preocupação*
> *com os detalhes, prestando toda a atenção a eles.*
> *Em vez de ver esse dia como uma página em branco*
> *que você precisa preencher, tente vivê-lo de modo responsivo:*
> *esteja atenta a tudo o que eu estou fazendo.*

Querido Jesus,
esta é a maneira como quero viver: descobrindo o que tu estás fazendo e respondendo às oportunidades que colocas diante de mim. Sei que essa é a maneira mais alegre e produtiva de viver. No entanto, a parte de mim que gosta de estar no controle resiste a isso. Por favor, ensina-me a arte de viver responsivamente.

Amada, por ser seu Criador, eu sou o iniciador de sua vida. Seu primeiro choro de criança foi uma resposta à vida que lhe dei. Muitas pessoas pensam que podem viver independentemente de mim, mas isso é uma ilusão. Sustento tudo com minha poderosa Palavra! Quando paro de manter a vida de alguém, essa pessoa morre. Assim, viver responsivamente é alinhar-se com a realidade definitiva: minha soberania sobre o universo. O fato de eu ser soberano sobre cada aspecto de sua vida pode aumentar sua sensação de segurança à extensão de sua confiança em meu perfeito amor. Portanto, a arte de viver de modo responsivo repousa sobre o fundamento da confiança em minha bondade absoluta, em minha sabedoria infinita e em minha presença amorosa.

Para construir sobre esse fundamento de confiança, você precisa ver as coisas do meu ponto de vista, bem como do seu. Busque aquilo que estou fazendo em seu dia, tanto no quadro geral quanto nos detalhes. Viver dessa maneira requer concentração, pois o mundo é preparado para distraí-la de mim. Todavia, as vezes em que você conseguir viver responsivamente serão as melhores de sua vida: você irá se sentir plenamente viva e ricamente conectada comigo nessas ocasiões. Isso é um antegozo daquilo que a aguarda nos céus, onde você responderá a mim de modo perfeito, por toda a eternidade!

O Filho é o resplendor da glória de Deus
e a expressão exata do seu ser, sustentando
todas as coisas por sua palavra poderosa.
Hebreus 1:3

Não se vendem dois pardais por uma moedinha?
Contudo, nenhum deles cai no chão sem o consentimento
do Pai de vocês. Até os cabelos da cabeça de vocês estão
todos contados. Portanto, não tenham medo;
vocês valem mais do que muitos pardais!
Mateus 10:29-31

Eu, porém, confio em teu amor;
o meu coração exulta em tua salvação.
Salmos 13:5

> *Dificuldades e aflições são tramadas no próprio
> tecido do mundo que perece. Somente minha vida
> em você pode capacitá-la a enfrentar com ânimo
> essa corrente interminável de problemas.*

Querido Jesus,
confesso que *ânimo* não descreve minha atitude habitual
quando me deparo com múltiplos problemas. Minha tendência
é focar nas dificuldades, obscurecendo minha visão de ti. Na
mente eu sei que o mundo está partido, mas meu coração ainda anseia por uma vida sem problemas. Ajuda-me a ser rea-
lista com respeito à condição deste mundo sem sucumbir ao
desespero.

Amada, você precisa lembrar que esse mundo caído é temporário: ele está perecendo! O mundo não é seu verdadeiro
lar; por isso, é normal você não se sentir confortável nele. Os
anseios de seu coração apontam para seu verdadeiro e eterno
lar; então, não os silencie. Em vez disso, permita que eles lhe
sirvam de lembrete de que seu destino é o céu. Apesar disso,
quero que você viva bem neste mundo pelo tempo em que eu
a mantiver aqui.

Eu não tenho deixado você lidar sozinha com as dificuldades e aflições dessa vida. Tenho derramado meu ser em
você, na pessoa do Espírito Santo. Abra completamente o espaço para ele, que é glorioso, em seu coração. Deixe-o capacitá-la a viver acima de suas circunstâncias. Estou lhe dizendo
essas coisas para que você possa experimentar minha paz no

meio de uma vida cheia de problemas. Você continuará a ter provações e frustrações nesse mundo, mas tenha ânimo: eu venci o mundo.

Na casa de meu Pai há muitos aposentos; se não fosse assim, eu lhes teria dito. Vou preparar-lhes lugar.
João 14:2

E eu pedirei ao Pai, e ele lhes dará outro Conselheiro para estar com vocês para sempre, o Espírito da verdade. O mundo não pode recebê-lo, porque não o vê nem o conhece. Mas vocês o conhecem, pois ele vive com vocês e estará em vocês.
João 14:16,17

Eu lhes disse essas coisas para que em mim vocês tenham paz. Neste mundo vocês terão aflições; contudo, tenham ânimo! Eu venci o mundo.
João 16:33

> *A ansiedade envolve você consigo mesma,*
> *prendendo-a em seus pensamentos.*
> *Quando olha para mim e sussurra meu nome,*
> *você é libertada e recebe minha ajuda.*

Querido Jesus,
tu me entendes tão bem. Quando me sinto ansiosa, perco a habilidade de pensar claramente. Meus pensamentos giram fora de controle, em uma velocidade cada vez maior. Isso me leva para baixo, em uma espiral de ansiedade que cresce e pensamentos que fogem. Em momentos assim, é difícil lembrar que tu estás comigo, pronto para ajudar.

Amada, eu sei como é difícil para você se libertar quando está envolvida com pensamentos ansiosos. É por isso que eu a encorajo a mudar o assunto ao sussurrar meu nome: "Jesus". A própria simplicidade desse ato torna-o possível de fazer, mesmo quando você não está pensando claramente. Há imenso poder em meu nome para ajudá-la a se libertar da prisão de ansiedade. Quando fala meu nome, bem tranquilamente, você reconhece minha presença contínua. Essa verdade é prometida para todos os que me seguem, e ela a liberta. Liberdade e minha presença são uma excelente combinação: capacitam você a transformar seus pensamentos em uma conversa comigo.

Comece a me agradecer por sempre ouvir suas orações. Então, fale comigo sobre tudo o que a está preocupando, com a confiança de que eu entendo você e sua situação perfeitamente. Ao conversar comigo, o peso de seu fardo será transferido para meus ombros fortes, possibilitando-lhe relaxar. Agora você está pronta para receber minha ajuda, a qual lhe ofereço continuamente.

Disse Jesus aos judeus que haviam crido nele:
"Se vocês permanecerem firmes na minha palavra,
verdadeiramente serão meus discípulos. E conhecerão
a verdade, e a verdade os libertará."
João 8:31,32

Sonda-me, ó Deus, e conhece o meu coração; prova-me,
e conhece as minhas inquietações.
Salmos 139:23

Que o amado do SENHOR descanse nele em segurança,
pois ele o protege o tempo inteiro, e aquele a quem o SENHOR
ama descansa nos seus braços.
Deuteronômio 33:12

> *Quando você vem a mim e toma sobre si meu jugo,*
> *eu a encho com minha vida. É assim que escolhi viver*
> *no mundo e levar a cabo meus propósitos;*
> *é também como abençoo você com alegria indizível e gloriosa.*

Querido Jesus,
eu me deleito indo a ti, mas não anseio muito por receber seu jugo. Isso me parece restritivo, e eu definitivamente gosto de me sentir livre. No entanto, estou aos poucos aprendendo que tu sabes o que é melhor para mim, mesmo quando isso envolve restrições ou sofrimento. Quero ser cheia com a tua vida e alegria; então, por favor, mostra-me como tomar teu jugo sobre mim.

Amada, o modo mais simples é dizer sim a mim e a meus caminhos. Quero que você seja ensinável. Receba meu jugo como uma ferramenta de ensino que a ajuda a aprender mais e mais sobre mim. Ser ungida mantém você próxima a mim, no caminho que eu escolhi para você. Embora isso possa parecer restritivo, por vezes irá protegê-la de muitos perigos.

Quando vive próxima de mim, minha vida dentro de você se nutre e fortalece. Isso me capacita a viver mais plenamente em você, cumprindo meus propósitos por seu intermédio. Eu lhe asseguro, porém, que não a uso de modo mecânico. Há um parentesco vibrante entre nós, pois eu vivo em você e através de você. Essa conexão íntima produz imensa alegria, muito maior do que qualquer coisa que o mundo possa oferecer. A alegria que eu dou é tão maravilhosamente gloriosa que não pode ser expressa em palavras.

Meu jugo não é áspero, duro, cortante ou opressor. Ao contrário, é confortável, gracioso e agradável. Ao se submeter a esses laços de amor, você será cheia, por mim, de vida e alegria em transbordante abundância.

Tomem sobre vocês o meu jugo e aprendam de mim,
pois sou manso e humilde de coração, e vocês encontrarão
descanso para as suas almas.
Mateus 11:29,30

Mesmo não o tendo visto, vocês o amam;
e apesar de não o verem agora, creem nele e exultam com
alegria indizível e gloriosa, pois vocês estão alcançando o
alvo da sua fé, a salvação das suas almas.
1Pedro 1:8,9

Tenho lhes dito estas palavras para que a minha alegria
esteja em vocês e a alegria de vocês seja completa.
João 15:11

> *Minha paz é uma dádiva abrangente que independe das circunstâncias. Se você ganhar minha paz, mesmo que perca tudo o mais, será, de fato, rica.*

Querido Jesus,
há muitos aspectos de minha vida sobre os quais eu não tenho controle. Seguidamente me sinto à mercê das circunstâncias. Tua paz abrangente é exatamente do que preciso! Embora tua paz seja um presente, por vezes me sinto incapaz de recebê-la. Talvez por isso eu me apegue a outras coisas: pessoas que amo, meus bens, minha reputação. Ajuda-me a entesourar tua paz acima de tudo isso.

Querida, minha paz é um presente sobrenatural, legada a meus seguidores logo após minha morte. Um homem que sabe que morrerá em breve quer deixar algo precioso para aqueles que ama. Portanto, deixei minha paz como herança para meus discípulos e para todos os que me seguem. Sei que é um presente difícil de receber, especialmente no meio das adversidades. Por isso, após minha ressurreição, as primeiras palavras que disse a meus discípulos foram: "Paz seja com vocês!" Eles precisavam dessa reafirmação, a fim de reforçar o que eu lhes ensinara antes de morrer. Você também precisa ser relembrada da natureza divina desta dádiva, pois não é a paz do mundo que eu lhe dou: é a paz que excede todo o entendimento!

Apegar-se a outras coisas torna mais difícil para você aceitar meu precioso presente. Isso é como segurar uma pequena moeda de cobre com dedos fortemente cerrados enquanto eu lhe ofereço suprimento ilimitado de ouro puro. Para receber a dádiva que lhe ofereço, você precisa primeiro abrir as mãos e o coração para mim. Ao fazer isso, você deixará suas preocupações sob meu cuidado e proteção. Ao receber minha gloriosa paz, você ganhará intimidade mais profunda comigo, a mais rica de todas as bênçãos!

Não andem ansiosos por coisa alguma, mas em tudo, pela oração e súplicas, e com ação de graças, apresentem seus pedidos a Deus. E a paz de Deus, que excede todo o entendimento, guardará o coração e a mente de vocês em Cristo Jesus.
Filipenses 4:6,7

Deixo-lhes a paz; a minha paz lhes dou. Não a dou como o mundo a dá. Não se perturbem o seu coração, nem tenham medo.
João 14:27

Ao cair da tarde daquele primeiro dia da semana, estando os discípulos reunidos a portas trancadas, por medo dos judeus, Jesus entrou, pôs-se no meio deles e disse: "Paz seja com vocês!"
João 20:19

> *Deixe-me ser seu foco positivo. Quando olha para mim, conhecendo-me como Deus convosco, você experimenta alegria.*

Querido Jesus,
sou muito grata por tu seres *Deus conosco* — constantemente, eternamente. Só esse conhecimento já é suficiente para encher meus dias de alegria. O lado triste, porém, é que minha mente, com muita facilidade, sai do foco e eu me esqueço de tua presença permanente. Quando meus pensamentos estão fora de foco, quase nada consegue ganhar minha atenção. Então, tu deslizas para mais longe ainda de minha consciência. Preocupações e mundanismo atacam minha mente quando ela está ociosa, em ponto morto. Quero que tu sejas meu foco positivo, mas definitivamente preciso de ajuda.

Amada, criei você à minha imagem, com a capacidade de se comunicar comigo. Como alguém que carrega minha imagem, você tem a habilidade de escolher o foco de sua mente. Entendo que muitos pensamentos vêm e vão espontaneamente, mas você pode controlar aquilo em que pensa mais do que possa perceber. Sob a inspiração do Espírito Santo, Paulo escreveu: "Tudo o que for verdadeiro, tudo o que for nobre, tudo o quer correto […] pensem nessas coisas." Eu não a instruiria a pensar sobre certas coisas a menos que fosse possível fazer isso.

Por haver tanto o mal quanto o bem no mundo, você pode escolher pensar sobre coisas excelentes e dignas de louvor ou sobre coisas terríveis e perturbadoras. Por vezes, sem dúvida, você tem de tratar com o estado esfacelado das coisas a seu redor. Contudo, a cada dia há momentos em que você é livre para escolher o ponto focal da sua mente. São ocasiões em que você tem de tomar a responsabilidade por seus pensamentos. Quando está ociosa, sua mente muitas vezes se volta para um foco negativo — como coisas que lamenta no passado ou preocupações com o futuro. Entretanto, estou com você no presente, esperando que se recorde de minha presença. Treine sua mente para voltar-se a mim com frequência. A lembrança de quem EU SOU pode brilhar mesmo em seus dias mais trevosos, abençoando você com alegria.

Tudo isso aconteceu para que se cumprisse
o que o Senhor dissera pelo profeta: "A virgem ficará grávida
e dará à luz um filho, e lhe chamarão Emanuel",
que significa "Deus conosco".
Mateus 1:22,23

Finalmente, irmãos, tudo o que for verdadeiro,
tudo o que for nobre, tudo o que for correto [...]
pensem nessas coisas.
Filipenses 4:8

Respondeu Jesus: "Eu lhes afirmo
que antes de Abraão nascer, Eu Sou!"
João 8:58

> *Quem teme o homem cai em armadilhas,*
> *mas quem confia em mim está seguro.*

Querido Jesus,
estou apenas começando a perceber o quanto minha vida é prejudicada por temer o homem. Essa condição tem prevalecido tanto que falhei em reconhecê-la em boa parte da minha vida; era simplesmente um elemento da minha existência diária. Agora que eu reconheço esse temor, quero ainda mais me ver livre dele. Mas ele está profundamente enraizado em minha mente e em meu coração. Quando estou com as pessoas, fico muito preocupada em desagradá-las ou em parecer tola aos olhos delas. Confesso que sou uma pessoa que gosta de agradar, mas desejo profundamente mudar.

Amada, eu lhe mostrarei um modo de tratar desse temor paralisante, atacando-o por duas frentes. A primeira: substitua seu medo de desagradar as pessoas por pavor de desagradar a mim, o Senhor do universo. Faça de agradar-me sua mais alta prioridade. Inclua-me em seus pensamentos sempre que estiver fazendo planos ou tomando decisões. Deixe seu desejo de agradar-me brilhar, fulgurante, iluminando seus pensamentos e suas escolhas.

O segundo modo de se libertar do temor do homem é desenvolver uma confiança mais profunda em mim. Em lugar de tentar agradar as pessoas para que, então, elas lhe deem o que você quer, confie em mim, o Supridor de todas as suas necessidades. Minhas riquezas gloriosas nunca terminam, nem meu amor por você. As pessoas podem facilmente enganá-la, prometendo-lhe coisas sem a intenção de cumprir. Mesmo que elas expressem uma boa intenção naquele momento, podem mudar de ideia mais tarde. Por permanecer o mesmo para sempre, sou absolutamente confiável. Confiar em pessoas é arriscado. Confiar em mim é sábio: mantém você segura.

Quem teme o homem cai em armadilhas,
mas quem confia no Senhor está seguro.
Provérbios 29:25

Por isso, temos o propósito de lhe agradar,
quer estejamos no corpo, quer o deixemos.
2Coríntios 5:9

O meu Deus suprirá todas as necessidades de vocês,
de acordo com as suas gloriosas riquezas em Cristo Jesus.
Filipenses 4:19

Tu [Deus] permaneces o mesmo,
e os teus dias jamais terão fim.
Salmos 102:27

> *Eu amo você,*
> *independentemente de quão bem você esteja se saindo.*
> *Traga a mim sua ansiedade por um bom desempenho*
> *e receba em lugar dela meu amor leal.*

Querido Jesus,
sei que ficar ansiosa com meu desempenho é tolice e contra-produtivo. Minha mente tem desmascarado essa ladra da paz muitas vezes, mas ela continua a arranhar meu coração quando baixo a guarda. Eu me pego lutando com a sensação de ter falhado, por vezes sem nem saber o porquê. Ajuda-me a me libertar dessa prisão com a capacitação do teu amor.

Amada, venha a mim com a sua sensação de ter falhado. Traga-a à luz da minha presença, onde poderemos examiná-la juntos. Em minha fulgurante luz, as sensações murcham e encolhem, porque são baseadas em mentiras. Essas coisas prosperam nas trevas, onde dificilmente você as percebe. Ansiedade em relação a como você está se saindo tem sido um aspecto constante de sua vida, e você nem nota. Porém, eu derrotei esse vilão do mesmo modo como triunfei sobre Satanás: com a minha obra consumada na cruz!

Quando essa sensação de ter falhado puser você para baixo, olhe para mim! Deixe a luz de meu amor leal brilhar sobre você, dispersando as trevas, erguendo-a cada vez para mais perto de mim. Quanto mais próxima de mim estiver, melhor você poderá ver meu sorriso de aprovação. Ao desfrutar esse amor incondicional, você ganha força para se libertar da sua maior inimiga: a ansiedade de ter um bom desempenho. Mesmo se você cair em seus velhos hábitos outra vez, poderá levantar-se para mim a qualquer momento. Meu amor leal está sempre disponível para restaurá-la, porque você me pertence para sempre.

Volta-te, Senhor, e livra-me;
salva-me por causa do teu amor leal.
Salmos 6:4

Como é precioso o teu amor, ó Deus!
Os homens encontram refúgio
à sombra das tuas asas. Eles se banqueteiam
na fartura da tua casa; tu lhes dás de beber
do teu rio de delícias. Pois em ti está a fonte da vida;
graças à tua luz, vemos a luz.
Salmos 36:7-9

Graças a Deus, que nos dá a vitória
por meio de nosso Senhor Jesus Cristo.
1Coríntios 15:57

> *Quando está cansada e tudo parece estar dando errado,
> você ainda pode dizer estas cinco palavras:
> "Eu confio em ti, Jesus." Ao fazer isso, você deixa as coisas
> sob o meu controle e volta à segurança de meus braços eternos.*

Querido Jesus,

para mim, é muito difícil deixar as coisas sob teu controle, pois tento resolvê-las eu mesma. Reconheço que, em última instância, isso é uma questão de confiança. Sei o suficiente sobre ti e sobre mim para perceber o quão ridículo é confiar mais em mim do que em ti. Nas profundezas de minha alma eu confio em ti mais do que em qualquer outra pessoa. No entanto, minha tendência é viver em um nível superficial boa parte do tempo, vivendo pelo que vejo e não por fé. Ajuda-me a vencer minha incredulidade!

Amada, esse clamor do seu coração é uma oração que estou desejoso de responder. Posso ver nas profundezas de sua alma, onde você de fato confia em mim. Estou alegre por você reconhecer a discrepância entre a confiança de sua alma e a necessidade de manter o controle, encontrada no nível superficial do seu comportamento. Quando está vivendo de modo superficial, você normalmente não está consciente de seus pensamentos. Como resultado, você segue os caminhos batidos das respostas habituais. Nessa condição de torpor mental, é incapaz de ouvir minha voz. Tão logo se dê conta de sua condição, você precisa falar comigo. Você pode dizer: "Eu confio em ti, Jesus", a despeito do que esteja sentindo. Deixe intencionalmente suas preocupações sob meu cuidado e proteção, em meu controle. Você pode até mesmo simbolizar fisicamente isso, abrindo os braços totalmente para mim. Então, descanse ao saber que estou cuidando de você e de tudo o que lhe diz respeito. Quando você relaxa confiantemente em minha presença, sua mente se reconecta com sua alma e encontra refrigério no refúgio dos meus braços eternos.

O Deus eterno é o seu refúgio,
e para segurá-lo estão os braços eternos.
Deuteronômio 33:27

Imediatamente o pai do menino exclamou:
"Creio, ajuda-me a vencer a minha incredulidade!"
Marcos 9:24

Entregue o seu caminho ao SENHOR; confie nele, e ele agirá:
ele deixará claro como a alvorada que você é justo, e como o
sol do meio-dia que você é inocente.
Salmos 37:5,6

> *Odeio quando meus filhos reclamam,*
> *visualmente desprezando minha soberania.*
> *Gratidão é uma salvaguarda contra esse pecado mortal.*
> *Além disso, uma atitude positiva se torna*
> *uma lente através qual você percebe a vida.*

Querido Jesus,

confesso que sou uma resmungona. Quando as coisas não são como eu gostaria que fossem, meu primeiro impulso é me queixar. Mesmo quando dou um jeito de manter a boca calada, estou resmungando em pensamentos. Normalmente, quando me queixo, não me ocorre que estou me opondo a ti e a teus caminhos. Estou chocada por perceber que reclamar equivale a *desprezar tua soberania*. Perdoa-me, Senhor!

Amada, queixar-se é muito comum entre meus filhos, mas, apesar disso, é um pecado mortal. Quando os israelitas reclamaram de seu líder, Moisés, tratei com eles severamente. Embora não estivessem conscientes disso, eles estavam, na verdade, se rebelando contra mim, e eu respondi à altura: todos os queixosos, de vinte anos para cima, morreram no deserto, nunca alcançaram a Terra Prometida.

A melhor salvaguarda para não ser presa da reclamação é a gratidão. Quando ela enche seu coração e sua mente, você não será tentada a queixar-se. Minha Palavra é temperada com muitas ordens para você ser grata — por uma boa razão: eu a resgatei da eterna punição por meio da minha torturante morte na cruz. Isso, por si só, é razão suficiente para a gratidão.

Entretanto, eu continuo a derramar mais bênçãos sobre você. Empenhe-se em desenvolver uma disposição mental grata, e você será capaz de perceber minhas dádivas mais claramente. A gratidão também capacita você a se aproximar de mim. Ao aprender a dar graças em todas as circunstâncias, minha amável presença irá cada vez mais iluminar sua visão a respeito da vida.

Disse ainda Moisés: "Quem somos nós? Vocês não estão reclamando de nós, mas do SENHOR."
Êxodo 16:8

Cairão neste deserto os cadáveres de todos vocês, de vinte anos para cima, [...] e que se queixaram contra mim.
Números 14:29

Deem graças em todas as circunstâncias, pois esta é a vontade de Deus para vocês em Cristo Jesus.
1Tessalonicenses 5:18

Suportar suas circunstâncias com bravura,
até mesmo agradecendo-me por elas,
é um dos mais altos tipos de louvor.
Esse sacrifício de ação de graças faz soar,
nos reinos celestiais, os sinos dourados da alegria.
Na Terra, também, seu paciente sofrimento
transmite ondas de boas-novas que alcançam
cada vez mais pessoas.

Querido Jesus,
tu vens me treinando na disciplina da gratidão há um longo tempo. No entanto, ainda sinto que é muito desafiador agradecer-te pelo sofrimento, meu ou de outros. Embora, por vezes, eu seja capaz de te agradecer por situações de dor, isso não me parece espontâneo, mas é, na verdade, muito libertador. Quando consigo fazer isso, vejo que relaxo e me sinto mais perto de ti. Por favor, ajuda-me a suportar minhas circunstâncias com bravura, com gratidão.

Amada, agradecer-me pelas adversidades requer um nível profundo de confiança em minha bondade, minha misericórdia e meu amor. Pessoas que se apoiam no próprio entendimento não podem alcançar essa profundidade de confiança. Assim, lidar com as dificuldades corajosamente envolve renunciar a sua exigência de entendimento.

Você tem experimentado benefícios pessoais ao agradecer-me por situações difíceis, porém há mais, muito mais! Sua grata aceitação da adversidade tem imensas repercussões para muito além de você mesma, tanto nos céus como na terra. Alegre repicar de sinos ressoa nos domínios celestiais quando cristãos em sofrimento confiam em mim a ponto de dar graças. Além disso, seu paciente enfrentamento das situações de dor pode fortalecer e encorajar meu povo na terra.

Faça sacrifícios de ação de graças a mim. Anuncie minhas obras com cânticos de alegria (ver Salmos 107:22).

Dando graças constantemente a Deus Pai por todas as coisas, em nome de nosso Senhor Jesus Cristo.
Efésios 5:20

Confie no Senhor de todo o seu coração e não se apoie em seu próprio entendimento.
Provérbios 3:5

Embora vivamos como homens, não lutamos segundo os padrões humanos. As armas com as quais lutamos não são humanas; ao contrário, são poderosas em Deus para destruir fortalezas.
2Coríntios 10:3,4

> *Santidade é deixar-me viver através de você.*
> *Uma vez que eu a habito, você está plenamente equipada*
> *para ser santa. Faça uma pausa antes de responder*
> *a pessoas ou situações, dando a meu Espírito oportunidade*
> *para agir por meio de você.*

Querido Jesus,
santidade é uma dessas virtudes que parecem muito difíceis de entender. Se eu me empenho em ser santa, corro o risco de ser presa de pecados sérios, especialmente o orgulho e a hipocrisia. Contudo, tua Palavra claramente me instrui a ser santa. Estou intrigada com a ideia de santidade ser uma questão de te deixar viver através de mim. Isso me parece mais plausível do que eu tentar com todas as minhas forças ser boa.

Amada, tome cuidado para não confundir ser santa com tentar aparentar ser santa. Os fariseus caíram nessa armadilha: desfilavam sua pretensa santidade nas esquinas das ruas, nos banquetes, no templo — onde quer que encontrassem audiência. Dirigi a eles e a sua hipocrisia algumas de minhas mais fortes condenações.

Quando se tornou cristã, coloquei o Espírito Santo em você, equipando-a, desse modo, a ser santa. No entanto, você ainda está vulnerável ao mundo, à carne (natureza pecaminosa) e ao maligno. Esses três conspiram contra a santidade, tentando você a responder às pessoas e às situações com seu modo antigo e habitual. Meu Espírito não irá lhe impor um modo de agir; por isso é tão fácil ignorar sua presença interior. É por essa razão que eu a encorajo a fazer uma pausa antes de responder, convidando o Espírito a viver e a amar através de você.

Lembre-se de que EU SOU Cristo em você, a esperança da glória. Quanto mais você me conhecer e me amar, mais fácil será deixar-me viver através de você. Mesmo sem que perceba, intimidade comigo a transforma à minha semelhança, à minha santa imagem.

Assim como é santo aquele que os chamou, sejam santos vocês também em tudo o que fizerem, pois está escrito: "Sejam santos, porque eu sou santo."
1Pedro 1:15,16

Vocês não estão sob o domínio da carne, mas do Espírito, se de fato o Espírito de Deus habita em vocês. E, se alguém não tem o Espírito de Cristo, não pertence a Cristo.
Romanos 8:9

A eles quis Deus dar a conhecer entre os gentios
a gloriosa riqueza deste mistério,
que é Cristo em vocês,
a esperança da glória.
Colossenses 1:27

> *Eu estou em todo lugar a todo tempo,*
> *trabalhando incessantemente a seu favor.*
> *Por isso, sua melhor estratégia para enfrentar as coisas*
> *é confiar em mim e viver perto de mim.*

Querido Jesus,
tu és, de fato, um Deus surpreendente! Quem a não ser tu poderia estar em todo lugar a todo tempo? Maravilha-me que alguém tão grande como tu possa cuidar de tantos detalhes da minha vida. No entanto, tu o fazes! Quando medito nessas gloriosas verdades, sinto-me segura, sabendo que nunca estou sozinha. Ajuda-me, Senhor, a manter essas verdades diante de mim, a manter *a ti* diante de mim sempre. Caso contrário, cairei de volta em meu comportamento padrão: esforçar-me e lutar como se os resultados dependessem totalmente de mim.

Amada, estou feliz por você querer manter minha presença diante de si, não apenas as verdades a meu respeito. É fácil para meus filhos confundirem conhecimento a meu respeito com conhecer-me por meio da experiência. O apóstolo Paulo entendia essa distinção: ele escreveu sobre necessitar de poder por meio do meu Espírito para compreender a vasta magnitude do meu amor, o qual transcende o conhecimento. Conhecer-me é muito mais do que uma atividade da mente.

Você me pediu para ajudá-la a manter-me sempre diante de você. Esse é um assunto totalmente ligado à confiança em mim. Algumas vezes você está bastante consciente da minha presença; em outras, sua percepção é mínima, ou mesmo nenhuma. Quando se sentir sozinha, você precisa contar com sua confiança em mim. Continue a viver e a comunicar-se como se eu estivesse com você, porque eu estou! Prometi que nunca irei deixá-la ou esquecê-la. Em vez de correr atrás de outros deuses quando você se sentir necessitada, concentre-se em se aproximar de mim. Não importa o que esteja acontecendo: confiar em mim e aproximar-se de mim são estratégias excelentes para viver bem.

Sempre tenho o Senhor diante de mim.
Com ele à minha direita, não serei abalado.
Salmos 16:8

Oro para que, com as suas gloriosas riquezas, ele os fortaleça no íntimo do seu ser com poder, por meio do seu Espírito, para que Cristo habite no coração de vocês mediante a fé; e oro para que estando arraigados e alicerçados em amor, vocês possam, juntamente com todos os santos, compreender a largura, o comprimento, a altura e a profundidade, e conhecer o amor de Cristo que excede todo conhecimento, para que vocês sejam cheios de toda a plenitude de Deus.
Efésios 3:16-19

Conservem-se livres do amor ao dinheiro e contentem-se com o que vocês têm, porque Deus mesmo disse: "Nunca o deixarei, nunca o abandonarei."
Hebreus 13:5

> *A consciência que você tem*
> *de sua constante necessidade de mim é sua maior força.*
> *Sua necessidade, adequadamente manejada,*
> *é uma ligação com minha presença.*

Querido Jesus,
admito que gostaria de ser menos necessitada. Por outro lado, desfruto a proximidade que vem da dependência consciente de ti. É bem verdade que minha necessidade precisa ser adequadamente manejada. Do contrário, fico vulnerável a me tornar ansiosa, ou mesmo irada, com minha situação. Ajuda-me a aceitar minha necessária dependência como uma dádiva vinda de ti.

Amada, posso ler seus pensamentos muito bem: sei quanto tempo você gasta sonhando acordada, querendo superar sua condição de necessitada. Mas há um caminho melhor. Em vez de tentar imaginar como escapar dos problemas de sua vida, use-os para se tornar mais próxima de mim. Você precisa lembrar — e crer — que meu caminho é perfeito. Posso usar tudo na vida de um cristão para o bem, na medida da confiança dele em mim. Uma das mais poderosas maneiras de fortalecer sua confiança em mim é agradecer-me pelas coisas que a estão perturbando. Essa expressão de gratidão irá ajudá-la a aceitar sua necessidade como dádiva minha.

O mundo tem um conceito totalmente errado do que é o sucesso. A mídia (e mesmo algumas igrejas) promove saúde e riqueza como objetivos supremos. Mas eu tenho derramado sobre você dádivas humildes e raramente buscadas: necessidade e fraqueza. Essas dádivas, recebidas e usadas de modo adequado, ajudam a tornar meus caminhos conhecidos na Terra. Além disso, quando você olhar para mim em sua necessidade, minha face brilhará sobre você, ligando-a a mim em radiante alegria.

Este é o Deus cujo caminho é perfeito;
a palavra do Senhor é comprovadamente genuína.
Ele é escudo para todos os que nele se refugiam.
2Samuel 22:31

Que Deus tenha misericórdia de nós e nos abençoe,
e faça resplandecer o seu rosto sobre nós,
para que sejam conhecidos na terra os teus caminhos,
a tua salvação entre todas as nações.
Salmos 67:1,2

Os que olham para ele estão radiantes de alegria;
seus rostos jamais mostrarão decepção.
Salmos 34:5

> *Em união comigo, você é completa.*
> *Mantendo-se próxima de mim, é transformada mais e mais*
> *naquela pessoa que defini para você.*

Querido Jesus,
frequentemente me sinto incompleta, como se alguma parte vital de mim estivesse faltando. Quando isso é só uma sensação, não um pensamento consciente, respondo de muitas maneiras improdutivas: assaltando a geladeira, buscando entretenimento, olhando para mim no espelho e assim por diante. Durante todo o tempo, tu estás comigo, esperando pacientemente que eu me lembre de ti. Se eu continuar a seguir do meu modo, buscando satisfação onde não existe nenhuma, vou me tornar cada vez mais frustrada. Minha condição agitada torna difícil que eu me volte para ti, o único que pode me completar. Mas descobri que nunca é tarde demais para gritar: "Jesus, ajuda-me!"

Amada, quando um filho me chama, eu nunca deixo de responder. Posso não providenciar libertação instantânea, como se eu fosse o gênio da lâmpada, mas vou agir imediatamente, dando início às condições de que você precisa. Eu a ajudo a tomar consciência do que você tem feito ao buscar satisfação de maneira mundana. Em resposta à sua necessidade, ofereço minhas gloriosas riquezas. Quando você tiver sossegada o suficiente para ver de modo claro, oferecer-lhe-ei a mim mesmo. Eu a convido a vir a mim, onde poderá encontrar completude.

Quando você concentrar sua atenção em mim, eu me aproximarei de você. Enquanto descansa no suave ar de minha presença, abençoo você com minha paz. Embora você seja apenas um vaso de barro, eu a encho com meu tesouro: a luz do conhecimento da minha glória. Essa luz divina enche você até a borda, tornando-a completa. Ela também a transforma pouco a pouco, até se tornar a obra-prima que defini que você fosse.

A perseverança deve ter ação completa, a fim de que vocês sejam maduros e íntegros, sem lhes faltar coisa alguma.
Tiago 1:4

Realiza os desejos daqueles que o temem;
ouve-os gritar por socorro e os salva.
Salmos 145:19

Portanto, submetam-se a Deus. Resistam ao diabo,
e ele fugirá de vocês. Aproximem-se de Deus,
e ele se aproximará de vocês!
Tiago 4:7,8

Pois Deus, que disse: "Das trevas resplandeça a luz",
ele mesmo brilhou em nossos corações, para iluminação do
conhecimento da glória de Deus na face de Cristo.
Mas temos esse tesouro em vasos de barro, para mostrar
que este poder que a tudo excede provém de Deus,
e não de nós.
2Coríntios 4:6,7

> *Quando você gasta tempo comigo,*
> *eu restauro seu senso de direção.*
> *Eu a capacito a fazer menos,*
> *mas a conseguir mais.*

Amado Jesus,
isso é, de fato, uma boa-nova! O que tu me ofereces é exatamente o que preciso. Há tantos caminhos possíveis para seguir ao longo de cada dia, que facilmente perco o senso de direção. Quando isso acontece, costumo andar em círculos: interrompo uma tarefa para fazer outra, enquanto meus pensamentos passam rapidamente de uma coisa para outra. Nessas ocasiões, meu corpo simplesmente não consegue acompanhar o ritmo da minha mente, e eu vou ficando cada vez mais confusa, conseguindo fazer muito pouco. Sei que meu tempo e minha energia são preciosas dádivas que tu me deste, Senhor. Ajuda-me a usá-las com sabedoria.

Amada, quando você percebe que perdeu o caminho, só há uma solução: pare e se reconecte comigo, o Diretor da sua vida. Admita que você está sem direção e peça minha ajuda. Faça uma pausa comigo enquanto acalmar seus nervos agitados. Deixe que a plena paz de minha presença reviva você. Conforme minha paz desce sobre sua mente e sua alma, o caminho diante de você irá se abrir passo a passo. Embora você não consiga enxergar muito à frente, pode ver o suficiente para continuar sua jornada. Tente permanecer consciente de mim enquanto segue, lembrando que estou com você em cada milímetro do caminho.

Você pode pensar que esse atraso é uma perda de tempo, mas não é. Quando segue minhas orientações bem de perto, você economiza muito tempo e energia: evita fazer trabalhos indignos, coisas que não estão em meu plano para você. Isso a liberta para fazer as boas obras que lhe preparei antes. Assim, apesar de fazer menos em termos de atividade real, você conseguirá muito mais.

Consagre ao SENHOR tudo o que você faz,
e os seus planos serão bem-sucedidos.
Provérbios 16:3

Respondeu o SENHOR: "Eu mesmo o acompanharei,
e lhe darei descanso."
Êxodo 33:14

Dirige-me pelo caminho dos teus mandamentos,
pois nele encontro satisfação.
Salmos 119:35

Porque somos criação de Deus realizada em Cristo Jesus
para fazermos boas obras, as quais Deus preparou
antes para nós as praticarmos.
Efésios 2:10

> *Busque, acima de tudo, agradar-me. Deixe esse objetivo*
> *ser o ponto focal enquanto você vive este dia.*

Querido Jesus,
definitivamente preciso de um ponto focal para me guiar ao longo do dia. Minha mente foge do foco muito facilmente. Quando fixo meus pensamentos em ti, a neblina se dissipa e posso ver as coisas mais claramente. Uma boa maneira de permanecer focada em ti é buscar te agradar a cada momento. Realmente quero te agradar, mas sou facilmente desviada por objetivos menores.

Amada, você não conseguirá obter sucesso dependendo apenas da disciplina. Essa busca exige muito mais do que um mero ato de sua vontade: ela é impulsionada principalmente por aquilo que está em seu coração. Conforme seu amor por mim se torna mais forte, o mesmo ocorre com seu desejo de me agradar. Quando um homem e uma mulher estão apaixonados, eles têm muito deleite em agradar um ao outro. Eles podem gastar horas pensando em maneiras de surpreender a quem amam com agrados inesperados. Só o vislumbrar da alegria do outro já é empolgante para uma pessoa apaixonada. Na verdade, eu mesmo sou como um desses apaixonados. Eu me deleito em aumentar sua alegria, fazendo-a completa. E a melhor maneira de sua paixão por mim aumentar é intensificar sua percepção do meu ardente amor por você.

Toda vez que você procurar me agradar, pense em mim como o Amado de sua alma, aquele que a ama de modo perfeito

152

a cada nanossegundo de sua existência. Deixe seu florescente desejo de me agradar desabrochar na luz de meu amor leal.

Portanto, santos irmãos,
participantes do chamado celestial,
fixem os seus pensamentos em Jesus,
apóstolo e sumo sacerdote que confessamos.
Hebreus 3:1

Como o Pai me amou, assim eu os amei; permaneçam no meu amor. Se vocês obedecerem aos meus mandamentos, permanecerão no meu amor, assim como tenho obedecido aos mandamentos de meu Pai e em seu amor permaneço. Tenho lhes dito estas palavras para que a minha alegria esteja em vocês e a alegria de vocês seja completa.
João 15:9-11

Eu sou como uma oliveira que floresce na casa de Deus;
confio no amor de Deus para todo o sempre.
Salmos 52:8

> *Em lugar de temer dificuldades,*
> *que podem ou não ocorrer, veja este dia*
> *como uma sagrada aventura a ser partilhada comigo.*

Querido Jesus,
meu coração se deleita com teu convite para viver este dia como uma sagrada aventura. Tu és meu Rei dos reis, e eu anseio viver de uma maneira que mostre que fui adotada em tua família real. Tu és também meu Senhor dos senhores; assim, tudo o que é partilhado contigo é sagrado. Admito, porém, que minha mente muitas vezes fica preocupada com inquietações e assuntos ordinários. Quando um novo dia começa a raiar diante de mim, eu o vasculho para encontrar dificuldades que podem ocorrer, perguntado-me se serei capaz de enfrentá-las. Esta é a inclinação natural da minha mente: um foco preso a esse mundo.

Amada, é natural que sua mente seja atraída para as questões deste mundo. Mas você é capaz de fazer muito mais do que isso! Eu a criei à minha imagem, com habilidades incríveis dadas somente à humanidade. Quando você se tornou cristã, infundi meu Espírito em seu ser mais interior. A combinação da minha imagem com meu Espírito em você é poderosa: a faz ser talhada para a grandeza.

Quero que você comece cada dia vendo-se como uma guerreira escolhida, pronta para ir à batalha. Sem dúvida, haverá adversidades, mas elas não precisam ser seu foco. Vista toda a armadura que lhe dei, e você estará pronta para qualquer batalha que tenha de enfrentar. Quando você estiver no meio do combate, continue buscando em mim força e direção. Lembre que você e eu, juntos, podemos lidar com qualquer dificuldade que cruze seu caminho. Entregue-se aos desafios que tenho escolhido para você. Então você perceberá que seus dias serão cada vez mais devotados às sagradas aventuras partilhadas comigo, seu Rei!

[Deus] é o bendito e único Soberano, o Rei dos reis e Senhor dos senhores, o único que é imortal e habita em luz inacessível, a quem ninguém viu nem pode ver. A ele sejam honra e poder para sempre. Amém.
1Timóteo 6:15,16

E, se o Espírito daquele que ressuscitou Jesus dentre os mortos habita em vocês, aquele que ressuscitou a Cristo dentre os mortos também dará vida a seus corpos mortais, por meio do seu Espírito, que habita em vocês.
Romanos 8:11

Por isso, vistam toda a armadura de Deus, para que possam resistir no dia mau e permanecer inabaláveis, depois de terem feito tudo.
Efésios 6:13

> *Passe amavelmente por este dia, dependendo de mim*
> *e desfrutando minha presença.*

Querido Jesus,
amavelmente parece ser o único modo de eu passar este dia. Sou grata por tua compreensão perfeita, por ordenar-me a fazer precisamente aquilo de que mais preciso neste momento. Obrigada por convidar-me a depender de ti. Preciso depender de alguém, e tu és, definitivamente, a pessoa mais confiável que eu jamais poderia ter encontrado. Fico maravilhada com o fato de que tu, o Senhor do universo, estás sempre disponível para me ajudar.

Amada, minha disponibilidade é baseada em meu compromisso com você, que é mais profundo e mais forte que os mais ardentes votos matrimoniais. Não importa quão apaixonados uma noiva e um noivo estejam, os votos que fizeram duram somente até um deles morrer. Meu compromisso, no entanto, é absolutamente ilimitado. Quando me pediu para ser seu Salvador, casei-me com você pela eternidade. Nem a morte, nem a vida nem qualquer outra coisa na criação podem separar você do meu amor!

Quero que você passe amavelmente por esse dia, porque eu mesmo sou amável, especialmente com aqueles que são fracos. Você é livre para depender de mim tanto quanto desejar, mas também quero que desfrute de mim. Quando você está cansada, parece ser mais fácil depender de mim do que desfrutar minha companhia. Na tentativa de economizar energia, você tende a se desligar emocionalmente. Mas é possível se alegrar em mim, seu Salvador, mesmo em circunstâncias desesperadoras.

Lembre que sou sua força. Regozije-se em mim e descanse em mim enquanto falo a você no murmúrio de uma brisa suave.

Estou convencido de que nem morte
nem vida, nem anjos nem demônios,
nem o presente nem o futuro, nem quaisquer poderes,
nem altura nem profundidade, nem qualquer outra coisa
na criação será capaz de nos separar do amor de Deus
que está em Cristo Jesus, nosso Senhor.
Romanos 8:38,39

Mesmo não florescendo a figueira, não havendo uvas nas videiras; mesmo falhando a safra de azeitonas, não havendo produção de alimento nas lavouras, nem ovelhas no curral nem bois nos estábulos, ainda assim eu exultarei no Senhor e me alegrarei no Deus da minha salvação. O Senhor, o Soberano, é a minha força; ele faz os meus pés como os do cervo; faz-me andar em lugares altos.
Habacuque 3:17-19

Depois do terremoto houve um fogo,
mas o Senhor não estava nele. E depois do fogo
houve o murmúrio de uma brisa suave.
1Reis 19:12

> *Estou mais perto do que você ousa acreditar,*
> *mais perto do que o ar que respira.*
> *Se meus filhos pudessem tão somente reconhecer*
> *minha presença, jamais se sentiriam sozinhos outra vez.*

Querido Jesus,
desejo profundamente experimentar tua presença de modo mais constante. Quando estou consciente da tua proximidade, sinto-me em paz e alegre. É assombroso que tu estejas mais perto do que o ar que respiro. Comumente, não tenho consciência de estar cercada pelo ar, porque ele é invisível e está disponível para mim todo o tempo. De modo semelhante, tua presença invisível é uma constante em minha vida, mas muitas vezes falho em te reconhecer. Isso me deixa vulnerável para me sentir solitária.

Amada, é bom que você veja a conexão entre solidão e perda de percepção. Esse é um problema antigo. Quando o patriarca Jacó estava em um lugar árido, longe da família, estava muito consciente de seu isolamento. Contudo, derramei minha presença sobre ele na forma de um sonho glorioso. "Quando Jacó acordou do sono, disse: 'Sem dúvida o Senhor está neste lugar, mas eu não sabia!'" (Gênesis 28:16).

É possível sentir-se isolada mesmo quando você está com outras pessoas, por causa da privacidade de seus pensamentos e das necessidades não manifestadas. A única coisa que pode preencher adequadamente os vazios do isolamento é saber de minha permanente presença. Não estou apenas constantemente com você, mas estou em você, no íntimo recesso de seu coração e de sua mente. O conhecimento que tenho de você é perfeito e está emoldurado pelo meu amor incondicional.

Permita que a sensação de solidão a relembre de sua necessidade de buscar minha face. Venha para mim com seu vazio tipicamente humano, e minha presença divina irá enchê-la com vida em plenitude!

Por causa da minha integridade me susténs
e me pões na tua presença para sempre.
Salmos 41:12

O Senhor é justo em todos os seus caminhos e é bondoso em tudo o que faz. O Senhor está perto de todos os que o invocam, de todos os que o invocam com sinceridade.
Salmos 145:17,18

O ladrão vem apenas para furtar, matar e destruir;
eu vim para que tenham vida, e a tenham plenamente.
João 10:10

> *Quero que você seja inteiramente minha.*
> *Promovo seu desapego com relação a depender de outros.*
> *Sua segurança repousa apenas em mim,*
> *não em outras pessoas nem nas circunstâncias.*

Querido Jesus,

sou grata pela segurança que tu me dás. O mundo tem se tornado um lugar assustador e inseguro! Se tu não fosses meu Salvador, não sei como poderia enfrentar todas essas incertezas. No entanto, ainda não estou desapegada da dependência de outros. Quero depender de ti mais do que de pessoas ou de circunstâncias favoráveis.

Amada, sua cândida admissão dos fatos me agrada. Isso me permite entrar em sua vida de modo a poder trabalhar com você sobre esse assunto. Não estou pedindo que se torne uma eremita ou que, de algum modo, se isole das outras pessoas. Ao contrário, quero que meus filhos ajudem e amem uns aos outros. Uma das principais maneiras de abençoar as pessoas é com atos de amor por elas. Porém, você precisa lembrar que toda boa dádiva e todo dom perfeito é dado, em última instância, por mim, mesmo que venham por meio de mãos humanas.

O principal perigo de colocar sua dependência na coisa errada é que isso pode beirar à idolatria. Se você deixa que seu bem-estar básico dependa do comportamento de outra pessoa, você a elevou a uma posição que só eu deveria ocupar. Isso não é só desagradável para mim; é destrutivo. Uma vez que as pessoas são imperfeitas e imprevisíveis, sua vida poderá se tornar um passeio de montanha-russa: sujeita aos caprichos e ao humor de outra pessoa. Pior do que isso, sua intimidade comigo será prejudicada pela preocupação com mais alguém. Eu mereço o primeiro lugar em seu coração!

Quero que você se regozije em mim a todo o tempo, em todo o tipo de circunstância. Você pode me pedir à vontade tudo o que deseja, trazendo-me suas petições com ações de graça. Não importa como vou responder a seus pedidos, esse trato em oração tem uma promessa: minha paz irá guardar seu coração e sua mente, mantendo-a perto de mim.

Toda boa dádiva e todo dom perfeito vêm do alto,
descendo do Pai das luzes.
Tiago 1:17

Contra você, porém, tenho isto:
você abandonou o seu primeiro amor.
Apocalipse 2:4

Alegrem-se sempre no Senhor. [...] mas em tudo, pela oração
e súplicas, e com ação de graças, apresentem seus pedidos
a Deus. E a paz de Deus, que excede todo o entendimento,
guardará o coração e a mente de vocês em Cristo Jesus.
Filipenses 4:4-7

> *Venha a mim. Venha a mim. Venha a mim.*
> *Esse é meu constante convite para você,*
> *proclamado em santos sussurros.*

Querido Jesus,
teu convite faz meu coração disparar! Como desejo ouvir teus santos sussurros e responder com todo o meu ser. Mas muitas vezes me distraio com o ruído de minhas preocupações e o clamor do mundo. Ajuda-me a lembrar tua convidativa presença mesmo quando estou esgotada demais para ouvir teus sussurros de amor.

Amada, você faz bem em me pedir para ajudá-la a lembrar. Meus filhos escolhidos têm constantemente se esquecido de mim e das grandes obras que tenho feito a seu favor. Fiz um caminho de terra seca no meio do mar Vermelho para os israelitas, salvando-os dos egípcios que os perseguiam. No entanto, muitos daqueles ex-escravos lembravam mais das comidas saborosas que haviam experimentado no Egito do que de meus atos miraculosos para libertá-los. Você tem a tendência de se deter em minúcias, deixando que assuntos triviais a distraiam de mim. Você esquece que minha morte sacrificial e minha miraculosa ressurreição derramam luz sobre cada momento de sua vida. Quero que você viva de modo vibrante nessa luz, cada vez mais consciente de que estou perto de você.

Para ajudá-la em seu empenho de lembrar-se, pense em mim como o amante da sua alma, o único que se deleita em você agora e para sempre. Veja-se primeiramente e antes de tudo como minha amada, uma vez que essa é a sua identidade definitiva. Encha sua mente com versículos da Bíblia que a convençam do meu perfeito amor por você.

Venha a mim sempre, minha amada. Derrame seu coração para mim, pois sou seu refúgio.

Venham a mim, todos os que estão cansados
e sobrecarregados, e eu lhes darei descanso.
Mateus 11:28

Então Moisés estendeu a mão sobre o mar,
e o SENHOR afastou o mar e o tornou em terra seca,
com um forte vento oriental que soprou toda aquela noite.
As águas se dividiram, e os israelitas atravessaram pelo meio
do mar em terra seca, tendo uma parede de água à direita
e outra à esquerda.
Êxodo 14:21,22

Confie nele em todos os momentos, ó povo;
derrame diante dele o coração, pois ele é o nosso refúgio.
Salmos 62:8

> *Além das três dimensões espaciais e da dimensão do tempo,*
> *há a dimensão de estar aberta à minha presença.*
> *Essa transcende as outras quatro, dando a você vislumbres*
> *dos céus enquanto ainda vive na terra.*

Querido Jesus,
estou tentando envolver minha mente com o conceito desta quinta dimensão: estar aberta à tua presença. Ela me parece muito razoável, porque sei que tu transcendes tempo e espaço. No entanto, sou uma criatura presa ao tempo: só posso existir no presente. Além disso, o mundo que vejo a meu redor é decididamente tridimensional. Assim, entender essa quinta dimensão é um esforço extra para mim, um esforço de fé.

Amada, você acertou no alvo. Estar aberta à minha presença está totalmente relacionado à fé: crer que, apesar de ser invisível, eu sou real e estou de fato com você. Esse é o fundamento para você me conhecer. Contudo, há também certa arte em me conhecer. Isso é algo muito pessoal, pois cada seguidor meu tem um relacionamento singular comigo, composto por toda a comunicação comigo, pelo amor por mim, pela receptividade e resposta a mim.

Algumas vezes, quando você está buscando minha face, minha presença se torna mais real a você do que o momento no espaço-tempo que está vivendo. A realidade do meu ser glorioso ofusca suas circunstâncias atuais e eleva você acima delas. Você se sente livre e seu espírito plana comigo. Você se regozija em mim e é fortalecida pela alegria divina. Assim, você desfruta vislumbres dos céus enquanto continua a viver na terra.

> Ora, a fé é a certeza daquilo que esperamos
> e a prova das coisas que não vemos.
> Hebreus 11:1

> Disse-lhe Jesus: "Não lhe falei que, se você cresse,
> veria a glória de Deus?"
> João 11:40

> Deus nos ressuscitou com Cristo e com ele nos fez assentar
> nos lugares celestiais em Cristo Jesus.
> Efésios 2:6

> E Neemias acrescentou: "[...] Não se entristeçam,
> porque a alegria do Senhor os fortalecerá."
> Neemias 8:10

> *Confie em mim em meio a um dia confuso. Sua calma interior,*
> *sua paz em minha presença, não precisa ser abalada*
> *pelo que está acontecendo a seu redor.*

Querido Jesus,
confusão é uma descrição muito precisa deste dia. Muitas coisas parecem estar fora de controle, mas estou tentando confiar que tu irás me ajudar. Meu anseio por colocar meu pequeno mundo em ordem faz com que eu tenha um foco voltado para fora, para minhas circunstâncias. Confesso que minha calma interior é facilmente abalada por aquilo que está acontecendo a meu redor. Sei que tua paz ainda está disponível para mim, mas é difícil alcançá-la.

Amada, sua honestidade chama minha atenção e me aproxima de você. Quando um dia confuso interrompe sua paz, você descobre que seu senso de segurança está muito dependente das circunstâncias. Esse é um problema muito comum, e há maneiras de vencê-lo. A melhor delas é parar o que está fazendo e buscar minha ajuda. Mesmo uma breve pausa da confusão é extremamente benéfica. Quando você volta sua atenção para mim, eu a ajudo a ver as coisas pela minha perspectiva. Você perceberá que não está no meio de uma emergência e, por isso, se permite diminuir o ritmo. Esse ritmo mais lento torna mais fácil permanecer consciente de mim quando você voltar à situação confusa.

Algumas vezes é impossível para você deixar certa situação mesmo que por pouco tempo. Nesse caso, seu desafio é

retirar-se para um lugar de tranquilidade interior onde sua mente e seu corpo possam permanecer bastante envolvidos com a solução do problema. Isso é difícil, mas possível. Uma vez que eu vivo em seu coração, minha paz está acessível a você aqui. Peça-me para aumentar sua percepção da minha pacífica presença. Mantenha seus pensamentos voltados para mim ao sussurrar "Jesus". Meu nome é uma torre forte; quando você corre para ela, está segura.

Eu lhes disse essas coisas para que em mim vocês tenham paz. Neste mundo vocês terão aflições; contudo, tenham ânimo! Eu venci o mundo.
João 16:33

O meu socorro vem do Senhor, que fez os céus e a terra.
Salmos 121:2

O nome do Senhor é uma torre forte; os justos correm para ela e estão seguros.
Provérbios 18:10

> *Estar comigo, de boa vontade,*
> *na beira do topo de um monte alto — que é para onde*
> *estou levando você — é o lugar mais seguro para estar.*

Querido Jesus,
na verdade, não sou muito do tipo que corre riscos. Prefiro *ficar onde é seguro*. No entanto, permanecer perto de ti é meu desejo sincero. Quero seguir para onde quer que me dirijas, mesmo que seja para a beira de um alto monte. Ajuda-me a te seguir confiantemente, em vez de seguir com medo.

Amada, traga todos os seus medos a mim. Medos que não são tratados tendem a parecer maiores. Exponha-os à reveladora luz da minha presença, e eles vão se retrair a um tamanho com o qual é possível lidar. Alguns deles podem até se tornar cômicos quando você olhá-los por essa perspectiva.

Conforme o medo for perdendo o poder sobre você, você estará liberada para me seguir. Segure firmemente minha mão enquanto abrimos caminho passo a passo para subir até o cume daquele alto monte. Você estará em uma situação única. Como sigo à sua frente nessa ventura, você pode manter os olhos em mim enquanto caminha pela fé. Logo alcançaremos um lugar de descanso; então, você poderá olhar ao redor. Se quiser, lance um olhar para trás, para o sopé do monte, o lugar de onde saímos para essa aventura. Enquanto segura minha mão para se apoiar, olhe para o horizonte e desfrute a visão aqui do topo.

Na verdade, você está totalmente segura aqui, na beira deste monte comigo, mais do que estaria lá embaixo, onde as pessoas costumam ficar. Nesse ambiente novo e desafiador, você deve ficar alerta, comunicando-se comigo a todo o tempo, segurando minha mão em confiante dependência. Ambientes excessivamente familiares podem fazê-la se sentir mais segura, mas podem embalá-la em uma autoconfiança que entorpece. Quando isso ocorre, você tende a se esquecer de mim. E é também quando você muito provavelmente falhará. Siga-me com confiança para onde eu a liderar, e a proteção da minha presença irá mantê-la segura.

Naquele mesmo dia o Senhor disse a Moisés: "Suba as montanhas de Abarim, até o monte Nebo, em Moabe, em frente de Jericó, e contemple Canaã, a terra que dou aos israelitas como propriedade."
Deuteronômio 32:48,49

O Senhor firma os passos de um homem, quando a conduta deste o agrada; ainda que tropece, não cairá, pois o Senhor o toma pela mão.
Salmos 37:23,24

Tendo os olhos fitos em Jesus, autor e consumador da nossa fé. Ele, pela alegria que lhe fora proposta, suportou a cruz, desprezando a vergonha, e assentou-se à direita do trono de Deus.
Hebreus 12:2

No abrigo da tua presença os escondes das intrigas dos homens; na tua habitação os proteges das línguas acusadoras.
Salmos 31:20

> *Uma atitude de gratidão abre as janelas dos céus.*
> *Bênçãos espirituais descem livremente sobre você*
> *por meio dessas aberturas para a eternidade.*

Querido Jesus,
amo a imagem de bênçãos espirituais descendo sobre mim
através das janelas abertas dos céus. E tudo o que tu exiges de
mim é que eu seja grata! Isso parece ser uma condição fácil
de atender; no entanto, tropeço nisso todos os dias de minha
vida. Ajuda-me a vencer minha atitude ingrata.

Amada, me regozijo com seu desejo de se tornar mais agradecida. Ao longo da Bíblia, repetidamente ordeno a gratidão,
pois ela é vital para seu bem-estar. Ela é também crucial para
um relacionamento saudável comigo, uma vez que sou seu
Criador, seu Salvador, seu Rei. Quando me agradece, você reconhece sua dívida comigo, o quanto tenho feito por você.
Essa atitude traz alegria tanto para você quanto para mim.

Dar graças é como acionar uma bomba d'água, que assim
vai puxar mais água. Uma vez que a gratidão é uma das bênçãos espirituais que lhe concedo, ela aumentará com as outras
quando você me "acionar" por meio das ações de graça.

Lembre-se de que sou o Deus de toda a graça. Quando
você falhar em seu esforço de ser grata, simplesmente me peça
perdão. Conforme você receber livremente esse dom gratuito,
lembrando o que ele me custou, sua gratidão aumentará.
Levante os olhos para mim e veja bênçãos espirituais jorrando
sobre você através das janelas dos céus amplamente abertas.

Entrem por suas portas com ações de graças, e em seus átrios, com louvor; deem-lhe graças e bendigam o seu nome.
Salmos 100:4

Bendito seja o Deus e Pai de nosso Senhor Jesus Cristo, que nos abençoou com todas as bênçãos espirituais nas regiões celestiais em Cristo.
Efésios 1:3

Dediquem-se à oração, estejam alerta e sejam agradecidos.
Colossenses 4:2

Alegre-se muito, cidade de Sião! Exulte, Jerusalém! Eis que o seu rei vem a você.
Zacarias 9:9

> *Quando busca a mim em lugar de buscar os ídolos do mundo,*
> *você experimenta minha alegria e minha paz.*
> *Essas coisas intangíveis saciam a sede de sua alma,*
> *dando-lhe profunda satisfação.*

Querido Jesus,

minha alma está constantemente sedenta, apesar de eu não perceber isso em alguns momentos. Posso pensar que estou só cansada, entediada ou estressada. Com isso, começo a vasculhar o mundo visível, procurando satisfação ou, pelo menos, alguma distração. Durante todo o tempo tu estás comigo, invisível, mas infinitamente real. Minha alma tem sede de ti, Jesus!

Amada, o mundo oferece mais distrações do que você jamais poderá usar em toda a sua vida. Elas podem dar algum alívio por um tempo, mas sua sede por mim permanece não saciada. Quando percebe que seu desejo mais profundo é por mim, você estará no caminho certo para encontrar satisfação. Ao seguir por esse caminho de vida, encontrará companheiras que escolhi para você: alegria e paz. Apesar de serem intangíveis, a companhia delas é muito benéfica. Elas podem aliviar a sede da sua alma.

A alegria é fulgurantemente amável. Sua risada contagiante ergue você e ilumina seu humor. A paz é mais quieta que a alegria, mas igualmente atraente. Sua serenidade acalma, e você se sente plenamente compreendida e totalmente aceita. Quanto mais você caminhar com essas deleitáveis companheiras, melhor sua jornada será. Além disso, a alegria e a paz incrementam a

percepção que você tem sobre mim, o único que satisfaz definitivamente sua alma sedenta.

Estendo as minhas mãos para ti;
como a terra árida, tenho sede de ti.
Salmos 143:6

Como a corça anseia por águas correntes,
a minha alma anseia por ti, ó Deus. A minha alma
tem sede de Deus, do Deus vivo. Quando poderei entrar
para apresentar-me a Deus?
Salmos 42:1,2

Tu me farás conhecer a vereda da vida,
a alegria plena da tua presença, eterno prazer à tua direita.
Salmos 16:11

Que a paz de Cristo seja o juiz em seu coração,
visto que vocês foram chamados a viver em paz.
Colossenses 3:15

> *Minha luz brilha muito mais fulgurante*
> *através dos cristãos que confiam em mim quando estão em trevas.*
> *Esse tipo de confiança é sobrenatural,*
> *produzida pelo meu Espírito que neles habita.*

Querido Jesus,

amo caminhar na luz contigo. Sou uma criatura que anseia pela luz, luz do Sol ou mesmo artificial, mas principalmente pela luz de tua santa presença. Confio mais facilmente em ti quando há abundância de luz em meu mundo. Confiar em ti quando estou em trevas é uma questão diferente; há um tipo de desespero embutido: agarro-me a ti como se minha vida dependesse disso.

Amada, crescer na graça está totalmente relacionado com confiar em mim: nos momentos bons, nos ruins, a todo tempo. Sou o Senhor sobre todas as suas circunstâncias; assim, quero estar envolvido com cada aspecto de sua vida. Uma das melhores maneiras de se conectar comigo, neste momento, é confiar em mim a cada situação pela qual você passe. Quando seu mundo parecer escuro e você confiar em mim assim mesmo, minha luz vai brilhar intensamente através de você. Você poderá não ter conhecimento dessa iluminação, mas ela é visível para muitos, tanto no reino celestial quanto na terra. Quando você mostra essa confiança transcendental, as forças espirituais do mal são enfraquecidas. As pessoas a seu redor são fortalecidas e abençoadas pela minha luz sobrenatural mostrada através de você.

Agarrar-se a mim nos tempos de trevas parece ser um ato que requer toda a sua força de vontade. Empregar sua vontade é definitivamente importante, mas há algo mais: minha mão está eternamente agarrada à sua. Nunca vou me separar de você! Meu Espírito, que habita em você, a capacita a manter-se segurando firmemente. Quando você estiver na iminência de desistir, clame pela ajuda dele: "Ajuda-me, Espírito Santo!" Essa oração curta habilita você a ligar-se a seu vasto poder. Encoraje-se por saber que, apesar de ver apenas trevas, minha luz está brilhando por você com insuperável esplendor!

Se, porém, andamos na luz, como ele está na luz,
temos comunhão uns com os outros, e o sangue de Jesus,
seu Filho, nos purifica de todo pecado.
1João 1:7

Confie nele em todos os momentos, ó povo; derrame diante
dele o coração, pois ele é o nosso refúgio.
Salmos 62:8

Mesmo ali a tua mão direita me guiará e me susterá.
Salmos 139:10

> *A proteção definitiva contra o naufrágio*
> *durante as tempestades da vida é dedicar tempo*
> *para desenvolver amizade comigo.*

Querido Jesus,
desperdiço muito de tempo preocupando-me com tempestades que vejo se formando no horizonte da minha vida. Felizmente, muitas delas, no passado, foram levadas para outra direção e nunca me alcançaram. Algumas, de fato, têm chegado, mas normalmente perdem muito de seu poder por causa do tempo que levam para me alcançar. Preciso mudar meu foco das dificuldades que *talvez* venham a mim para tua presença, que está *sempre* comigo.

Amada, você nunca vai encontrar segurança ao tentar antecipar todas as tempestades que talvez a alcancem um dia. Lembre-se de que eu controlo a atmosfera da sua vida. Confie em mim descansando e entregando suas preocupações ao meu hábil cuidado. Entristece-me vê-la obcecada com possíveis problemas em vez de trazê-los a mim. Quando você se pegar investigando ansiosamente o horizonte de sua vida, use isso como um lembrete para buscar minha face. Você não vai me encontrar à distância: eu estou aqui, ao seu lado, mais perto do que ousa crer.

Em vez de desperdiçar tempo se preocupando, devote esse tempo para desenvolver uma íntima amizade comigo. Fale comigo sobre tudo o que a preocupa, tanto de seus prazeres quanto de seus problemas. Estou interessado em tudo o que diz respeito a você, pois a amo perpetuamente. Peça-me para mudar seu modo de ver as coisas: em vez do foco no problema, o foco em minha presença. Lembre-se de que estou segurando sua mão direita. Eu a dirijo com meu conselho, com base na sabedoria eterna. Com isso, você não precisa se angustiar com respeito ao futuro. Quando chegar o momento, eu mesmo a receberei com honras na glória.

É bom para você estar próxima a mim. Seu melhor refúgio para as tempestades da vida é a amizade íntima comigo.

Olhem para o SENHOR e para a sua força;
busquem sempre a sua face.
1Crônicas 16:11

Eu a amei com amor eterno; com amor leal a atrai.
Jeremias 31:3

Contudo, sempre estou contigo;
tomas a minha mão direita e me susténs.
Tu me diriges com o teu conselho, e depois me receberás
com honras. [...] Mas, para mim, bom é estar perto de Deus;
fiz do Soberano SENHOR o meu refúgio;
proclamarei todos os teus feitos.
Salmos 73:23,24;28

> *Lembre-se de que seu relacionamento comigo*
> *é saturado de graça. Portanto, nada que você faça*
> *ou deixe de fazer pode separá-la da minha presença.*

Querido Jesus,

sou muito grata pela tua graça. Quando estou consciente de ter falhado contigo, agarro-me à graça obstinadamente. Sentimentos de culpa e de medo conspiram para me convencer de que perdi teu amor. Minha sensação de indignidade me tenta para que eu me puna por meus pecados. Então, relembro-me de que tu me vestiste com as vestes de salvação, adornou-me com a própria justiça. Minha salvação está totalmente relacionada contigo e com aquilo que fizeste para me resgatar. Ajuda-me a me sentir mais segura em teu amor.

Amada, é absolutamente impossível para mim deixar de amar você. Seu relacionamento comigo é tão saturado de graça que os dois são eternamente inseparáveis. A carne que foi marinada no molho não pode ser "desmarinada". Quanto mais tempo a carne ficar de molho, mais suco vai penetrá-la, dando-lhe sabor e amaciando-a. Você tem sido imersa na graça desde que me tornei seu Salvador. Quanto mais você for "marinada", mais plenamente minha graça permeará nosso relacionamento. É impossível para você tornar-se "desmarinada".

Quero que você descanse na perfeição de sua salvação. Minha gloriosa graça torna você santa e sem culpa a meus olhos. Assim, nada do que faça ou deixe de fazer poderá jamais separá-la do meu amor.

Pois vocês são salvos pela graça, por meio da fé.
Efésios 2:8

Pois estou convencido de que nem morte nem vida,
nem anjos nem demônios, nem o presente nem o futuro,
nem quaisquer poderes, nem altura nem profundidade, nem
qualquer outra coisa na criação será capaz de nos separar do
amor de Deus que está em Cristo Jesus, nosso Senhor.
Romanos 8:38,39

É grande o meu prazer no Senhor! Regozija-se a minha alma
em meu Deus! Pois ele me vestiu com as vestes da salvação e
sobre mim pôs o manto da justiça.
Isaías 61:10

Porque Deus nos escolheu nele
antes da criação do mundo, para sermos santos
e irrepreensíveis em sua presença.
Em amor nos predestinou
para sermos adotados como filhos,
por meio de Jesus Cristo, conforme o bom propósito
da sua vontade, para o louvor da sua gloriosa graça,
a qual nos deu gratuitamente no Amado.
Efésios 1:4-6

> *Glorificar-me e desfrutar de mim é a mais alta prioridade*
> *para manter uma vida ordenada e estruturada.*
> *Desista de seu esforço de manter tudo sob seu controle:*
> *é uma tarefa impossível e um desperdício de preciosa energia.*

Querido Jesus,

no meu coração, glorificar-te e desfrutar de ti é uma prioridade muito mais elevada do que manter a ordem. Na prática, no entanto, empenho-me em manter as coisas sob meu controle. Quando isso se torna meu foco, minha tendência é te perder de vista. Mesmo quando penso em ti nessas ocasiões, normalmente tento angariar tua ajuda a fim de restaurar a ordem. Quero que minha vida mostre o profundo desejo do meu coração: glorificar-te e desfrutar de ti com exuberante alegria!

Amada, eu me deleito com seu sincero desejo de festejar em celebração do que EU SOU. Posso ver nas profundezas do seu coração, e sei que o que você expressou é verdade. Também leio seus pensamentos perfeitamente; então, percebo como é fácil para você perder minha presença de vista.

Vamos pensar juntos sobre esse problema. Para me glorificar e me desfrutar como deseja, você precisa entregar o controle para mim. Você pode pensar que isso envolve abrir mão de algo precioso, pois controlar as coisas é uma maneira de você tentar se sentir segura. Na verdade, porém, esse esforço está prestes a falhar. Mesmo que você seja bem-sucedida em criar uma vida ordenada e estruturada por um tempo, não será capaz de mantê-la. Assim, o que estou pedindo a você para abandonar — o desejo de controlar — é algo que a frustra mais do que a ajuda.

Em vez de desperdiçar sua energia em uma tarefa impossível, empenhe-se em celebrar seu relacionamento comigo. Aprenda a caminhar mais frequentemente à luz da minha presença. De fato, aqueles que caminham nessa luz podem se regozijar em mim durante todo o dia, exultando em minha justiça. Glorifique-me ao viver de modo alegre em minha energizante luz.

Eu te glorifiquei na terra, completando a obra que me deste para fazer. E agora, Pai, glorifica-me junto a ti, com a glória que eu tinha contigo antes que o mundo existisse.
João 17:4,5

Senhor, tu me sondas e me conheces.
Sabes quando me sento e quando me levanto;
de longe percebes os meus pensamentos.
Salmos 139:1,2

Como é feliz o povo que aprendeu a aclamar-te, Senhor,
e que anda na luz da tua presença! Sem cessar exultam
no teu nome, e alegram-se na tua retidão.
Salmos 89:15,16

> *Faça de mim seu ponto focal ao viver esse dia.*
> *Assim como uma bailarina girando precisa*
> *manter os olhos sempre voltados para determinado ponto*
> *a fim de manter o equilíbrio, assim você precisa*
> *manter seu foco voltado para mim.*

Querido Jesus,
definitivamente me sinto como se estivesse rodopiando ao longo do dia, mas não como uma graciosa bailarina. É só eu estar quase recuperando o equilíbrio, e outro acontecimento me surpreende e me põe a rodopiar de novo. E me pego girando cada vez mais rápido, tentando acompanhar tudo o que está acontecendo a meu redor. Somente quando olho para ti, em meio as minhas circunstâncias, é que consigo encontrar equilíbrio.

Amada, sua única esperança é olhar para mim outra vez, e mais uma vez e de novo. Por isso comparei sua situação a uma bailarina que repetidamente encontra o ponto focal enquanto gira. Embora muitas pessoas pensem que começar o dia comigo seja suficiente, elas, com frequência, perdem o rumo, a menos que continuem buscando-me durante o tempo em que estão acordadas. Aprenda com a bailarina: cada vez que completa um rodopio, ela volta os olhos para o mesmo ponto estacionário com uma rápida volta da cabeça. Se não fizer isso, ela rapidamente fica tonta. De modo similar, você precisa de um foco estacionário ao enfrentar o estonteante rodopio de eventos em sua vida. Por permanecer o mesmo sempre, eu sou o melhor ponto focal. Para evitar perder o equilíbrio, você deve ficar olhando para mim.

Percebo que você não consegue manter seu olhar fixo em mim continuamente. Entendo as limitações de sua condição humana. Você irá me perder de vista às vezes. Mas, porque estou sempre ao seu lado, você pode se reorientar com um rápido *vislumbre* do meu caminho. Quanto mais frequentemente você voltar sua atenção para mim, mais equilibrada sua vida será. É como fixar os olhos em mim enquanto vive em um mundo caído. Asseguro a você, porém, que nos céus suas limitações serão eliminadas. Agora você vê como se estivesse olhando em um espelho que lhe dá apenas um reflexo obscuro e borrado, mas, então, você verá em realidade, face a face!

Tendo os olhos fitos em Jesus,
autor e consumador da nossa fé.
Hebreus 12:2

Mas tu permaneces o mesmo,
e os teus dias jamais terão fim.
Salmos 102:27

Agora, pois, vemos apenas um reflexo obscuro,
como em espelho; mas, então, veremos face a face.
1Coríntios 13:12

> *Meu desejo profundo é que você aprenda*
> *a depender de mim em qualquer situação.*
> *Movo céus e terra para cumprir esse propósito,*
> *mas você deve colaborar comigo nesse exercício.*

Querido Jesus,

amo depender de ti! Quando a tarefa diante de mim é muito desafiadora para eu lidar com ela com segurança, de modo quase instintivo volto a ti em busca de ajuda. Há vezes em que estou dolorosamente consciente de minha inadequação: minha necessidade é depender de alguém muito maior do que eu. São momentos assustadores, situações em que tenho de agir na fé de que tu não irás me deixar cair. Essas ocasiões em que ando pela fé parecem-se muito com pular de um penhasco, confiando que tu me pegarás no meio da queda. E tu fazes isso! É nesse momento que me sinto jubilosa: após ter experimentado tua intervenção, resgatando-me e me capacitando a fazer coisas que nunca poderia fazer sozinha.

Querida, é bom que você tenha experimentado muitas vezes minha intervenção quando a ajudo. Se você tivesse se recusado a "pular de um penhasco", não teria tido aquelas experiências emocionantes. Espero que seus sentimentos de medo diminuam à medida que eu provar minha fidelidade a você vez após vez. Deixe-me sugerir uma técnica que poderá ajudá-la: quando você enfrentar uma situação que a aborreça, reserve um tempo para afirmar sua confiança em mim — repetidamente, se necessário. Isso tirará sua atenção de si mesma e de seu medo, ajudando-a a focar-se em mim e em minha grande fidelidade.

Apesar de estar satisfeito com sua disposição em depender de mim nessas situações, desejo muito mais de você. Quero que você confie em mim, mesmo quando se sentir competente para lidar com elas. Eu lhe tenho dado talentos e habilidades. Ao utilizá-los, lembre-se de fazê-lo com gratidão, pedindo-me para ajudá-la a usá-los sabiamente, de acordo com a minha vontade. Esse modo colaborativo de fazer as coisas não só a ajudará a conseguir fazer mais, mas também vai mantê-la próxima a mim, comunicando-se comigo, deleitando-se em mim, me desfrutando.

Tudo posso naquele que me fortalece.
Filipenses 4:13

Graças ao grande amor do SENHOR é que não somos consumidos, pois as suas misericórdias são inesgotáveis. Renovam-se cada manhã; grande é a tua fidelidade!
Lamentações 3:22,23

> *Aquiete sua mente em minha presença.*
> *Então você poderá me ouvir dando a bênção da ressurreição:*
> *"Paz seja com você!"*

Querido Jesus,
aquietar minha mente é um grande desafio. Meus pensamentos tendem a correr em muitas direções ao mesmo tempo. Realmente quero ouvir tua bênção de paz. Ensina-me como desacelerar meus pensamentos para que, assim, eu possa experimentar mais plenamente tua pacífica presença.

Amada, você já está fazendo a coisa mais importante: falando comigo sobre seu problema. É também vital encontrar um lugar onde você possa se assentar sossegadamente, deixando seu corpo relaxar. É muito mais fácil reduzir seus pensamentos quando o corpo fica quieto por um tempo, uma vez que mente e corpo estão muito intrinsecamente conectados. Quando você desacelerar a respiração, perceberá que seus pensamentos se tornarão mais controláveis. Isso torna possível a você focar esses pensamentos em mim. Ao fazer isso, todo o seu ser se tornará mais e mais relaxado.

Considere a maravilha da minha presença com você. Refrigere-se em minhas promessas: eu a aconselharei e cuidarei de você. Suprirei todas as suas necessidades de acordo com as minhas gloriosas riquezas. Deixo a paz com você; minha paz lhe dou.

Apesar de minha paz ser uma promessa permanente, você precisa ser lembrada disso com frequência. Quando sua mente ficar suficientemente quieta, ouça minha bênção da ressurreição: "Paz seja com você!"

Jesus entrou, pôs-se no meio deles e disse:
"Paz seja com vocês!"
João 20:26

Eu o instruirei e o ensinarei no caminho que você deve seguir; eu o aconselharei e cuidarei de você.
Salmos 32:8

O meu Deus suprirá todas as necessidades de vocês,
de acordo com as suas gloriosas riquezas em Cristo Jesus.
Filipenses 4:19

Deixo-lhes a paz; a minha paz lhes dou.
Não a dou como o mundo a dá. Não se perturbe
o seu coração, nem tenham medo.
João 14:27

> *Se tentar carregar hoje o problema de amanhã,*
> *você vai cambalear com o peso e, por fim,*
> *falhar completamente. Você deve se disciplinar*
> *para viver dentro dos limites do hoje.*

Querido Jesus,
essa disciplina é muitíssimo difícil para mim, mas é aquela que eu mais fortemente desejo dominar a fundo. Meu foco se volta do hoje para o amanhã com a maior facilidade. Estou começando a perceber que isso é um tipo de escapismo. Ao me focar nos problemas de amanhã, evito encarar os de hoje. Contudo, essa atitude é extremamente desagradável, já que preocupação traz muita dor. Além disso, é uma maneira de eu me sabotar: quanto mais me preocupo com o amanhã, menos consigo realizar hoje.

Amada, concordo com sua autoanálise, porém há mais além disso. Focar no problema de amanhã não é somente uma atitude escapista, mas também irresponsável. Cada dia de sua vida é uma dádiva preciosa dada por mim. Quando você desperdiça minha dádiva, fico descontente. Sem dúvida, você não consegue evitar inteiramente pensar sobre o amanhã. Isso também seria irresponsável. A grande pergunta é: onde você vive a maior parte do tempo, no presente ou no futuro?

Vejo todos os seus pensamentos; por isso, sei quantos deles estão desnecessariamente voltados para o futuro. Se quiser quebrar esse hábito tão profundamente arraigado, você precisará monitorar sem trégua seus pensamentos. É útil prestar atenção em seus sentimentos; eles dão a você pistas de que seu pensamento está fora da rota. Quando, ainda que suas circunstâncias presentes sejam agradáveis, você começar a sentir alguma emoção negativa, é importante capturar seus pensamentos e examiná-los. Muitas vezes você vai descobrir que estava se preocupando com alguma coisa que aconteceria no futuro. Entregue essa preocupação a mim, pedindo-me ou para cuidar dela eu mesmo ou para ajudar você a tratar dela mais tarde. Então, regozije-se em mim, seu Salvador e soberano Senhor. Eu capacito você a andar em lugares altos, transcendendo seu problema (vide Habacuque 3:19)!

Portanto, não se preocupem com o amanhã,
pois o amanhã trará as suas próprias preocupações.
Basta a cada dia o seu próprio mal.
Mateus 6:34

Destruímos argumentos e toda pretensão que se levanta contra o conhecimento de Deus, e levamos cativo todo pensamento, para torná-lo obediente a Cristo.
2Coríntios 10:5

> *Uma vida vivida próxima a mim nunca será insípida*
> *ou previsível. Espere surpresas a cada dia!*

Querido Jesus,
pareço ter uma relação de amor e ódio com surpresas. Desfruto a injeção de adrenalina que as acompanha: isso me desperta e me leva para além de minha rotina diária. Por outro lado, há também uma parte de mim que anseia por uma vida previsível. Na verdade, comumente tento arranjar as coisas de modo a minimizar a possibilidade de ser surpreendida. Apesar disso, quero viver perto de ti. Se proximidade de ti e surpresas fazem parte do pacote todo, definitivamente escolho o pacote.

Amada, uma vida vivida perto de mim nunca poderá ser previsível. Meus caminhos e pensamentos são muito mais altos do que os seus; portanto, isso não é possível. Nunca me limitarei a fazer apenas o que você pode antecipar e entender. Fazer isso seria deixar de ser Deus! Assim, espere que sua vida se torne cada vez mais surpreendente conforme você se tornar mais próxima de mim.

Quero ajudá-la a ficar mais alegre com respeito a sua imprevisível jornada comigo. Há, na verdade, muito mérito em esperar que cada dia traga surpresas. Isso ajuda você a ver um evento inesperado, não como algo errado, mas como algo vindo de mim. Com essa disposição mental, você estará muito mais pronta a se voltar para mim imediatamente, em vez de se aborrecer. Você pode me pedir ajuda para encontrar todo o bem que coloquei em cada evento. Eu também estou pronto para ajudá-la a responder de modo apropriado. Se você se sentir insegura com alguma situação assustadora que surgir, simplesmente se aproxime de mim.

Ao aprender a esperar surpresas todos os dias, sua vida vai se tornar mais empolgante. Você descobrirá traços de minha vibrante presença em lugares incomuns. Cada vez mais, você vai perceber que seus dias brilham com alegria, com o prazer de me conhecer mais intimamente.

Assim como os céus são mais altos
do que a terra, também os meus caminhos
são mais altos do que os seus caminhos,
e os meus pensamentos, mais altos
do que os seus pensamentos.
Isaías 55:9

Com o teu auxílio posso atacar uma tropa;
com o meu Deus posso transpor muralhas.
Salmos 18:29

Mesmo não o tendo visto, vocês o amam;
e apesar de não o verem agora, creem nele e exultam
com alegria indizível e gloriosa.
1Pedro 1:8

> *Prove e veja que eu sou bom. Quanto mais intimamente você me experimentar, mais convencida ficará da minha bondade.*

Querido Jesus,
tenho aprendido, desde a minha infância, que tu és bom. No entanto, esse ensinamento não me mudou de modo significativo. Quando me tornei cristã e provei um pouco da tua bondade, eu ainda não te conhecia muito profundamente. Como resultado, quando as coisas davam errado em minha vida, minha tendência era me ressentir de teus tratos comigo. Somente quando comecei a investir tempo em buscar tua face é que passei a te conhecer de modo íntimo. Agora que tenho provado tua bondade, quero experimentar mais e mais de ti.

Amada, seu desejo por me conhecer mais plenamente é um deleite para o meu coração. Na verdade, tenho procurado por você há algum tempo. Desejei-a antes de você se tornar cristã. Eu estava operando para me revelar a você. Coloquei experiências em sua vida que expuseram sua profunda necessidade de me conhecer. Trouxe-lhe pessoas nas quais podia ver a luz da minha presença. Mesmo após você ter crido em mim como Salvador, continuei a buscar seu coração, que estava dividido entre mim e objetivos mundanos. Por fim, você começou a me buscar de todo coração, e eu me alegrei!

Sua sinceridade de coração abriu o caminho para uma intimidade genuína entre nós. Você tem provado minha bondade e quer mais. Tenho respondido a esse desejo de diversas maneiras: tenho permitido sofrimento em sua vida para que você possa aprender a confiar mais em mim. Também a tenho abençoado com experiências íntimas da minha presença para fortalecer sua confiança em minha perfeição. Meu objetivo para você é torná-la tão convicta da minha bondade, que nada poderá abalar sua confiança em mim. Então, sua alma será profundamente satisfeita, como quando se esbalda em um rico banquete.

Provem, e vejam como o Senhor é bom.
Como é feliz o homem que nele se refugia!
Salmos 34:8

Vocês me procurarão e me acharão
quando me procurarem de todo o coração.
Jeremias 29:13

A minha alma ficará satisfeita
como quando tem rico banquete.
Salmos 63:5

> *Confiança é como um cajado no qual*
> *você pode se apoiar enquanto faz a jornada*
> *para o alto comigo. Se você confia em mim o tempo todo,*
> *o cajado irá sustentar todo o seu peso quando necessário.*

Querido Jesus,
percebi o quanto é reconfortante esse ensinamento, uma vez que minha jornada parece apontar mais para o alto do que para baixo. Amo a ideia de ter algo em que possa me apoiar sempre que for necessário, um cajado de confiança. Confesso que há muitas outras coisas em que tendo a me apoiar nos momentos ruins, mas nenhuma delas é suficiente para carregar todo o peso das minhas necessidades. Por meio da confiança, ajuda-me a dar as costas a apoios inadequados e voltar-me sempre para ti.

Amada, é bom que você queira dar as costas a apoios deficientes. Eles não só deixarão você cair, como podem se tornar ídolos. Estou deleitado com o fato de você desejar se voltar para mim por meio da confiança. Se quer um cajado confiável para apoiá-la adequadamente, você precisa se apoiar em mim o tempo todo. Não espere até estar em apuros terríveis! Volte para mim antes que as fortes ondas dos problemas engulam você.

Você disse que a maior parte da sua jornada é mais subindo do que descendo. É assim que deve ser. Em última instância, você está na estrada para o céu. Apesar de haver muitas subidas e descidas ao longo do caminho, seu aspecto global é ascendente. Estou no processo de transformar você,

194

preparando-a para uma eternidade face a face comigo. Não espere condições fáceis em uma aventura como essa. Mas espere que eu a apoie ao longo do caminho para o céu. Apoie-se e confie em mim com todo o coração!

Confie no Senhor de todo o seu coração
e não se apoie em seu próprio entendimento.
Provérbios 3:5

Portanto, que todos os que são fiéis
orem a ti enquanto podes ser encontrado;
quando as muitas águas se levantarem,
elas não os atingirão.
Salmos 32:6

Então voltaram [...] fortalecendo os discípulos
e encorajando-os a permanecer na fé, dizendo:
"É necessário que passemos por muitas tribulações
para entrarmos no Reino de Deus."
Atos 14:21,22

> *A paz que eu lhe dou transcende seu intelecto.*
> *Quando boa parte de sua energia mental é gasta*
> *em esforços para imaginar coisas, você é incapaz de receber*
> *essa gloriosa dádiva.*

Querido Jesus,

realmente desejo receber tua paz. No entanto, sei que gasto tempo demais tentando imaginar coisas. Na verdade, muitos dos problemas que tento resolver nem são meus. Minha mente hiperativa se agarra às dificuldades de outras pessoas, tentando calcular qual seria a melhor solução. Gosto de pensar que minha motivação é preocupação compassiva, mas sei que há também um forte elemento de buscar fazer o papel de Deus na vida das pessoas. Ajuda-me a renunciar a este papel, que nunca foi meu, para que, assim, eu possa descansar em ti, o único que tem *tudo* elaborado.

Amada, sua mente muito ativa sem dúvida lhe causa problemas, mas ela pode ser também uma fonte de bênção. Você precisa praticar o direcionamento dessa energia mental para mim. Tenho ensinado-a a usar meu nome como um lembrete de que estou com você. Sussurrar "Jesus" amavelmente pode mudar totalmente seu dia. Dar graças é outra maneira maravilhosa de vir à minha presença. Eu também quero que você use orações curtas de louvor e de petição, as quais me glorificarão e acalmarão seus pensamentos ansiosos. Nada disso lhe é novo, mas você precisa praticar essas deleitáveis disciplinas.

Se usar sua energia mental para se focar em mim, você não terá problemas para receber minha paz. Minha presença e minha paz são inseparáveis: quando sua mente está firme em mim, mantenho-a em perfeita paz. Entendo que sua habilidade de permanecer focada em mim é limitada. Eu não espero perfeição de você, somente perseverança. Nunca desista!

Não andem ansiosos por coisa alguma,
mas em tudo, pela oração e súplicas, e com ação de graças,
apresentem seus pedidos a Deus. E a paz de Deus,
que excede todo o entendimento, guardará o coração
e a mente de vocês em Cristo Jesus.
Filipenses 4:6,7

Os passos do homem são dirigidos pelo Senhor.
Como poderia alguém discernir o seu próprio caminho?
Provérbios 20:24

Tu, Senhor, guardarás em perfeita paz aquele
cujo propósito está firme, porque em ti confia.
Isaías 26:3

> *Quanto mais desafiador for o seu dia,*
> *mais do meu poder coloco à sua disposição.*
> *Assim como for o seu dia, sua força deverá ser.*

Querido Jesus,
essa é uma promessa maravilhosa e prática. Minha força parece muito insuficiente para as exigências que enfrento hoje. No entanto, sei que tua promessa é fidedigna e verdadeira. Assim, eu te busco a fim de encontrar força suficiente para lidar com os desafios deste dia.

Amada, não importa o quão inadequada você possa se sentir: você sempre pode me buscar para encontrar ajuda. Não precisa ir a um lugar especial ou assumir certa postura para buscar minha face. Nem precisa usar linguagem rebuscada ou fazer qualquer obra para ganhar meu favor. Eu sempre olho favoravelmente para você, pois posso ver em você minha justiça perfeita. Eu vivo em você e conheço seus pensamentos melhor do que você mesma. Assim, uma simples olhada para mim, feita com fé, é suficiente para conectá-la ao meu poder.

Você costuma desperdiçar energia tentando determinar se seus recursos são adequados para as exigências do dia. Melhor seria apenas reconhecer sua inadequação logo que acordasse cada manhã! Isso a libertaria para confiar em minha infinita suficiência. Se você permanecer em contato comigo ao longo do dia, colocarei à sua disposição poder suficiente para atender às necessidades que surgirem.

Muitas vezes você corre para o problema verificando seu "poderômetro" em vez de buscar-me a fim de eu lhe dar minha provisão. Essa autoavaliação pode levá-la ao pânico, o qual rapidamente a jogará para baixo. Quando sua mente gira em busca de maneiras de reforçar seus recursos, você vai ficando cada vez mais ansiosa. No entanto, assim que você rejeitar essa ajuda e voltar-se para mim, sua ajuda sempre presente, você verá sua força surgir, tornando-se igual às exigências de seu dia.

Sejam de ferro e bronze as trancas das suas portas,
e dure a sua força como os seus dias.
Deuteronômio 33:25

Recorram ao SENHOR e ao seu poder;
busquem sempre a sua presença.
Salmos 105:4

Deus é o nosso refúgio e a nossa fortaleza,
auxílio sempre presente na adversidade.
Salmos 46:1

> *Esperança é um fio dourado que liga você aos céus.*
> *Esse fio a ajuda a manter a cabeça erguida,*
> *mesmo quando muitas provações estiverem golpeando você.*

Querido Jesus,
quando minha vida está fluindo suavemente, o fio dourado da esperança me dá uma bênção adicional — como a cobertura do bolo. No entanto, quando estou lidando com muitas provações, esse fio é um salva-vidas que me protege do desespero. Quando me agarro à esperança no meio dos problemas, consigo perceber-te me animando, encorajando-me com a absoluta certeza dos céus. A fim de olhar para ti, porém, tenho de manter a cabeça erguida. Se a inclino para baixo, eu te perco de vista e vejo somente a perplexidade de meus problemas.

Amada, esperança é realmente meu presente para você, tanto para os bons quanto para os maus momentos. Estou feliz por você se regozijar na promessa dos céus mesmo quando sua vida está fluindo lentamente. Muitos de meus seguidores ficam tão ocupados em buscar prazer neste mundo que esquecem sua morada definitiva e eterna.

Quando você está se debatendo em meio a vários problemas, é bom se agarrar a meu *fio da esperança* como a um salva-vidas. Isso diminui o peso dos seus fardos, tornando mais fácil para você ficar em pé. No entanto, você ainda precisa se esforçar para se focar mais em minha presença do que em suas dificuldades. Sua tendência de se focar nos problemas rouba muita alegria de você. Quando se apegar à esperança, buscando minha ajuda, você poderá se tornar alegre e paciente no meio da aflição.

Se agir assim, certamente haverá bom futuro para você,
e a sua esperança não falhará.
Provérbios 23:18

Nós, porém, que somos do dia [...] vestindo [...] o capacete
da esperança da salvação.
1Tessalonicenses 5:8

Alegrem-se na esperança, sejam pacientes na tribulação,
perseverem na oração.
Romanos 12:12

Temos esta esperança como âncora da alma, firme e segura,
a qual adentra o santuário interior, por trás do véu,
onde Jesus, que nos precedeu, entrou em nosso lugar.
Hebreus 6:19,20

> *Reserve tempo para permitir que minha luz infunda seus sonhos com vida, transformando-os gradualmente em realidade.*

Querido Jesus,

trago meus sonhos a ti. Alguns deles são vagos e bidimensionais: falta-lhes realidade. Somente tu podes soprar vida neles. Estou cansada de esperar, mas, pela própria natureza deles, os sonhos estão além do meu controle. Assim, espero em tua presença, pedindo que faças o que é impossível para mim.

Amada, um dia você perceberá que esse tempo de espera é, de fato, um presente meu. Quer seus sonhos se tornem realidade ou não, reservar um tempo na luz da minha presença é extremamente bom para você. Considere a riqueza da luz do Sol. Quando ela passa através de um prisma, você pode ver sete cores distintas que estão nela. A luz solar produz crescimento e cura, além de ter muitas outras qualidades úteis. A luz da minha santa presença, porém, é muito mais poderosa e benéfica que a luz natural. É por isso que esperar em mim traz bênçãos abundantes. O espectro total da minha luz sobrenatural brilha sobre você enquanto se demora em minha presença. Desse modo, você recebe muitos benefícios: força, direção, proteção e encorajamento renovados, além de incontáveis outras bênçãos.

Traga todos os seus sonhos à minha vibrante luz, para que assim, juntos, possamos olhar para eles. Alguns deles não estão em meus planos para você. Ao entregá-los a mim, buscando minha vontade, gradualmente irei removê-los de seu coração. Outros sonhos eu aprovo, encorajando-a a agir com oração de modo a alcançar esses objetivos. Alguns sonhos, porém, permanecem ocultos em mistério. Eu nem os removo de seu coração nem lhe dou um caminho para correr no encalço deles. Isso faz com que você permaneça esperando em mim, desfrutando os benefícios de minha presença. Quando for o momento, posso transformar sua espera de muito tempo em uma deleitável realidade.

Em ti está a fonte da vida; graças à tua luz, vemos a luz.
Salmos 36:9

Até os jovens se cansam e ficam exaustos, e os moços tropeçam e caem; mas aqueles que esperam no SENHOR renovam as suas forças. Voam bem alto como águias.
Isaías 40:30,31

O SENHOR espera o momento de ser bondoso com vocês; ele ainda se levantará para mostrar-lhes compaixão. [...] Como são felizes todos os que nele esperam!
Isaías 30:18

> *Venha a mim quando estiver ferida,*
> *e eu irei partilhar de sua dor.*
> *Venha a mim quando estiver alegre,*
> *e eu irei partilhar de sua alegria,*
> *multiplicando-a muitas vezes mais.*

Querido Jesus,

não importa como eu esteja, sou grata por poder vir a ti exatamente como sou. Não tenho de primeiramente me purificar de meus atos, já que tu sabes o pior a meu respeito. Quando estou ferida, quero estar com alguém que me entenda sem me condenar. Quando estou feliz, eu me deleito em estar com alguém que me ama o suficiente para celebrar comigo. Ajuda-me a trazer mais e mais de mim mesma a ti.

Amada, esse é um bom pedido, muito melhor do que você possa perceber. A maioria das pessoas seleciona quais aspectos delas devem trazer a mim. Algumas hesitam em trazer características que consideram vergonhosas. Outras costumam viver com sentimentos dolorosos — solidão, medo, culpa —, pois nunca lhes ocorreu de pedir ajuda para lidar com essas coisas. Há ainda outras que estão tão preocupadas com suas lutas, que esquecem que estou sempre aqui.

Há feridas em você que eu desejo curar. No entanto, algumas delas estão com você há tanto tempo, que já as considera como parte de sua identidade. Você as carrega aonde quer que vá, sem nem mesmo se dar conta disso. Nos momentos em que você tem trazido algumas de suas porções feridas a mim, eu a tenho ajudado a caminhar com uma liberdade recém-descoberta. No entanto, você está ainda tão presa a certas coisas que lhe trazem dor, que não consegue se libertar facilmente delas. Somente expô-las repetidamente à minha presença curadora irá lhe trazer a liberdade permanente. Quando isso acontecer, você estará livre para experimentar alegria de modo muito mais pleno. Eu irei partilhar de sua alegria e multiplicá-la muitas vezes mais.

Agora já não há condenação
para os que estão em Cristo Jesus.
Romanos 8:1

Sim, coisas grandiosas fez o Senhor por nós,
por isso estamos alegres.
Salmos 126:3

Na minha angústia clamei ao Senhor;
e o Senhor me respondeu, dando-me ampla liberdade.
Salmos 118:5

> *Lembre-se de que você vive em um mundo caído,*
> *um mundo anormal, estragado pelo pecado.*
> *Muitas frustrações e fracassos são resultado*
> *de sua procura por perfeição nesta vida.*

Querido Jesus,

sei que vivo em um mundo caído, mas por vezes sou levada a negar essa verdade. Ainda sou impelida a buscar perfeição onde ela nunca poderá ser encontrada: neste mundo. Jogo fora muito tempo e energia tentando fazer coisas com perfeição, quando simplesmente fazê-las já seria suficiente. Isso me leva não só à frustração, mas também, por vezes, à sua aliada próxima: a ira. Por favor, ajuda-me a me livrar desse comportamento que só me traz derrotas.

Amada, seu anseio por perfeição não é ruim em si mesmo. Coloquei esse desejo em seu coração para que, assim, você procurasse por mim. No entanto, seu coração tem também muitos efeitos da Queda. Como resultado, frequentemente você busca a perfeição à parte de mim. Isso a coloca em um caminho de frustração e fracasso — por vezes, até mesmo de idolatria. Você pode sempre voltar a mim ao escolher buscar-me antes de tudo. Ao fazer isso, eu coloco seus pés em uma rocha e firmo você em um lugar seguro. Também coloco um novo cântico em sua boca, um hino de louvor.

Não tente sufocar seu anseio por perfeição. Ele serve para um propósito superior: conduzi-la não somente para mim, mas também para seu lar futuro e eterno. Seu desejo insatisfeito pode despertá-la para a radiante perfeição que a espera nos céus. Assim, deixe a frustração de viver em um mundo caído lembrá-la que você foi originada em um lugar perfeito (o Éden) e está a caminho de um lugar indescritivelmente glorioso: o céu!

Ele me tirou de um poço de destruição,
de um atoleiro de lama; pôs os meus pés sobre uma rocha
e firmou-me em um local seguro. Pôs um novo cântico na
minha boca, um hino de louvor ao nosso Deus.
Muitos verão isso e temerão, e confiarão no Senhor.
Salmos 40:2,3

Ora, o Senhor Deus tinha plantado um jardim no Éden,
para os lados do leste, e ali colocou o homem que formara.
Gênesis 2:8

A nossa cidadania, porém, está nos céus, de onde esperamos
ansiosamente o Salvador, o Senhor Jesus Cristo. Pelo poder
que o capacita a colocar todas as coisas debaixo do seu
domínio, ele transformará os nossos corpos humilhados,
tornando-os semelhantes ao seu corpo glorioso.
Filipenses 3:20,21

> *Por ser humana, você sempre terá*
> *altos e baixos ao longo da vida.*
> *Mas a promessa de minha presença*
> *limita o quão baixo você poderá cair.*

Querido Jesus,
tenho dificuldade de aceitar os "baixos" em minha vida. Costumo me sentir um fracasso nesses momentos. Conforta-me perceber que isso é apenas parte de ser humana. Mas, quando me sinto realmente *para baixo*, é quase impossível eu me lembrar da alegria de tua presença. Assim, quando tu estás ausente de minhas emoções, agarro-me à promessa da tua presença.

Amada, asseguro-lhe que posso extrair muitas coisas das ocasiões em sua vida nas quais você está triste. Esses momentos de dor a ensinam a depender de mim mais plenamente, buscando minha face para encontrar ajuda e força. Também a tenho abençoado com muitas experiências alegres, mas você não deve se apegar a elas nem tentar torná-las permanentes. Em vez disso, segure-as levemente, com as mãos abertas, desfrutando a beleza do momento. Agradeça-me pelo que você está experimentado, e a gratidão irá aumentar sua alegria. Esteja disposta a entregar-me os prazeres no devido tempo; então, mova-se para a próxima etapa de sua jornada.

Quando a dor se tornar sua companheira de viagem, abrace-a como uma bênção que lhe dou. Se você a receber no coração, ela trará nova profundidade e riqueza à sua alma. Ela poderá lhe ensinar mais a meu respeito: um homem de dores e experimentado no sofrimento. Ela também poderá lhe dar esperança, baseada na promessa da minha presença. Depositar sua esperança em mim irá limitar o quanto você cairá em seu sofrimento: ela assegura que você irá *louvar-me outra vez pelo socorro da minha presença.* Mesmo protegendo você de cair em um desespero profundo, ela não é uma "solução milagrosa". Você e a dor poderão continuar a jornada juntas por um tempo. Todavia, descobrirá ao longo do caminho uma nova capacidade crescendo dentro de você: a habilidade de estar *entristecida, mas sempre alegre.*

Foi desprezado e rejeitado pelos homens,
um homem de dores e experimentado no sofrimento.
Como alguém de quem os homens escondem o rosto,
foi desprezado, e nós não o tínhamos em estima.
Isaías 53:3

Por que você está assim tão triste, ó minha alma?
Por que está assim tão perturbada dentro de mim?
Ponha a sua esperança em Deus! Pois ainda o louvarei;
ele é o meu Salvador e o meu Deus.
Salmos 42:5,6

Entristecidos, mas sempre alegres.
2Coríntios 6:10

> *O segredo para ser grata é aprender a ver tudo*
> *do meu ponto de vista. Meu mundo é sua sala de aula.*
> *Minha Palavra é lâmpada que ilumina seus passos*
> *e luz que clareia seu caminho.*

Querido Jesus,

sei, por experiência, que os dias em que sou grata tendem a ser tempos de bênção. Às vezes é fácil ser grata: quando acordo com o pé *direito* e não encontro grandes problemas. Outras vezes, a gratidão me parece tão inatingível quanto as estrelas. É quando, então, preciso de uma perspectiva elevada, que me ajude a ver as coisas de teu ponto de vista.

Amada, eu me deleito em elevar sua perspectiva. Por isso, aventurei-me a entrar em seu mundo como uma criança, mesmo sabendo o preço que eu iria pagar. Minha motivação era abrir os olhos dos cegos, libertar da prisão os cativos e livrar do calabouço os que habitam na escuridão. Quando você se sentir mal-agradecida, peça-me para abrir seus olhos e libertá--la do escuro calabouço da ingratidão.

Você vive em uma era de ter o direito de possuir; por isso, você precisa ir contra o fogo cerrado da propaganda que proclama que você merece mais. Uma maneira de ir de encontro a essas mentiras é tomar nota a cada dia de algumas coisas pelas quais você é grata. Isso vai ajudá-la a se focar nas bênçãos de sua vida em vez de se deter naquilo que você quer, mas não tem.

É crucial saturar sua mente com as Escrituras: lê-las, ponderar nelas, memorizar porções delas. Isso pode ajudar você a ver as coisas a partir da minha perspectiva infinitamente sábia. Minha Palavra é *mais afiada que qualquer espada de dois gumes*; eu a uso para fazer cirurgias espirituais nos *pensamentos e intenções do coração*. Conforme as Escrituras iluminarem seu ponto de vista e seu caminho, eu a libertarei da prisão da ingratidão. Desse modo, eu liberto você para desfrutar os prazeres de um coração agradecido.

Para abrir os olhos aos cegos,
para libertar da prisão os cativos
e para livrar do calabouço
os que habitam na escuridão.
Isaías 42:7

A tua palavra é lâmpada que ilumina os meus passos
e luz que clareia o meu caminho.
Salmos 119:105

A palavra de Deus é viva e eficaz,
e mais afiada que qualquer espada de dois gumes;
ela penetra até o ponto de dividir alma e espírito,
juntas e medulas, e julga os pensamentos
e intenções do coração.
Hebreus 4:12

> *Limitações podem ser tão libertadoras*
> *quando seu mais forte desejo for viver próxima a mim.*

Querido Jesus,
esse conceito é fascinante. Parece-me um tanto paradoxal. Libertação significa me tornar livre, e limitações estabelecem fronteiras ao redor da liberdade. Meus desejos se chocam contra esses limites muitas vezes ao dia. Quero viver mais próxima de ti, mas anseio por mais liberdade em minha vida.

Amada, sei que é difícil para você aceitar suas limitações, mas também sei quanto bem posso lhe trazer por meio delas. Muitas pessoas estão com problemas por terem excessiva liberdade. Isso pode ter efeito paralisante: elas encaram tantas possibilidades que tomar decisões se torna extremamente difícil. Na verdade, as limitações que você tem lhe dão uma estrutura sólida dentro da qual pode fazer escolhas acerca de sua vida. De modo significativo, quando diz sim aos limites que tenho colocado a seu redor, você pode olhar para cima e me ver sorrindo para você. Você percebe que para cima é a única direção na qual não há limitações. Além disso, reconhece que essa é a dimensão mais importante de sua vida.

Algumas vezes você se sente restringida porque não consegue ir muito longe nem para a direita nem para a esquerda, nem para frente nem para trás, sem se chocar com um limite. Nessas ocasiões você enfrenta uma importante escolha: pode se entregar aos sentimentos de frustração e autocomiseração ou pode olhar para cima, para mim, em busca de ajuda. Se você me escolher, suas limitações lhe darão asas. Você poderá usá-las para voar em direção aos céus, para mais perto de mim. Quando desfrutar as alturas em minha presença, dê uma olhada para baixo, onde suas restrições esperam por você. Dessa perspectiva elas parecem inexpressivas, como linhas desenhadas no chão. Mesmo quando voltar ao nível do chão e seus limites a cercarem outra vez, você pode erguer os olhos para mim a qualquer momento. Aqueça-se na luz do meu sorriso, desfrutando a singela intimidade de nosso relacionamento. Limitações podem, de fato, ser libertadoras, quando seu maior desejo é viver sempre perto de mim.

O SENHOR está perto dos que têm o coração quebrantado
e salva os de espírito abatido.
Salmos 34:18

Deus nos ressuscitou com Cristo e com ele nos fez assentar
nos lugares celestiais em Cristo Jesus.
Efésios 2:6

Ora, o Senhor é o Espírito e,
onde está o Espírito do Senhor, ali há liberdade.
2Coríntios 3:17

> *Regozije-se neste dia de vida,*
> *estando disposta a seguir para onde quer que eu a dirija.*
> *Siga-me com inteireza de coração, antecipando as bênçãos*
> *à medida que viajamos juntos.*

Querido Jesus,
já que tu criaste este dia de vida e o ofereceste a mim gratuitamente, ajuda-me a recebê-lo com gratidão. Minha tendência natural é, ao acordar, avaliar o dia que está diante de mim, tentando discernir quão bom (ou mau) ele será. E faço isso quase inconscientemente, muitas vezes com base em minhas conclusões sobre alguma coisa tão trivial quanto o tempo. Eu gostaria de me livrar desse hábito para, assim, poder estar mais receptiva a ti e as tuas bênçãos.

Amada, tenho muito prazer em seu desejo de ser mais receptiva a mim. Você já mencionou algo que pode ajudá-la nessa busca: uma atitude agradecida. Se você acordar e encontrar um dia sombrio e chuvoso, agradeça-me pela chuva. Feito isso, você estará muito menos propensa a resmungar por causa do tempo. Também lembre que eu arranjei as condições do seu dia. Portanto, você pode assumir que muitas coisas boas poderão ser encontradas nele.

Regozijar-se ajudará a descobrir as bênçãos deste dia. Se suas circunstâncias estão parecendo desoladoras, então, alegre-se em mim, seu fiel companheiro. Sabendo o quanto eu dei para resgatá-la do pecado, pode confiar que coloquei dádivas preciosas ao longo do caminho que você está seguindo. Com fé, esteja atenta às coisas boas, tanto grandes quanto pequenas. Sendo seu Mestre, prometo dar-lhe oportunidades de aprendizado enquanto viajamos juntos. Quando você alcançar o fim deste dia, pare, olhe para trás e veja a distância que percorremos. Reserve um tempo para ponderar sobre o que aprendeu e para saborear as dádivas que encontrou. Deixe sua mente demorar-se nessas coisas enquanto você se deita para dormir, regozijando-se em mim e em minhas bênçãos.

Este é o dia em que o Senhor agiu;
alegremo-nos e exultemos neste dia.
Salmos 118:24

Vocês me chamam "Mestre" e "Senhor",
e com razão, pois eu o sou.
João 13:13

Aquele que não poupou seu próprio Filho,
mas o entregou por todos nós, como não nos dará
juntamente com ele, e de graça, todas as coisas?
Romanos 8:32

> *A verdadeira questão não é*
> *se você pode lidar com o que acontece, mas se você e eu juntos*
> *podemos lidar com qualquer coisa que aconteça.*
> *É esse fator do você-e-eu-juntos que lhe dá confiança*
> *para enfrentar o dia alegremente.*

Querido Jesus,

realmente quero viver este dia com confiança e alegria. Isso parece adequado, já que sou uma das que te seguem. Mas frequentemente começo o dia me perguntando o que ele exigirá e se eu serei capaz de lidar com isso. *Ajuda-me em minha incredulidade!*

Amada, venha a mim em seu estado de incredulidade. Quero que experimente, de modo perfeito, meu amor por você mesmo quando sua fé parecer fraca. Muitos dos que me seguem acordam em um estado mental nebuloso e confuso, como você. No entanto, posso ver dentro de seu coração, onde encontro uma confiança genuína em mim. Seu desafio a cada manhã é desembaraçar seus pensamentos para que se alinhem com a fé em seu coração. Você precisa reservar um tempo adequado a cada manhã para essa tarefa vital. Quero que você permaneça em minha presença lendo as Escrituras, orando, meditando em mim, até que sua mente esteja clara.

Quando começa o dia com a mente confusa, você tende a se fazer a pergunta errada: se pode lidar com o que acontece. Mas a verdadeira pergunta é se nós, juntos, podemos lidar com as circunstâncias que você enfrenta. Ao olhar para o dia, estenda sua visão de modo que possa me ver aqui ao seu lado, fortalecendo, guiando e encorajando você. Se omitir o fator você-e-eu-juntos de sua perspectiva, você deixa escapar a ajuda que estou lhe oferecendo. Assim, ao trabalhar para pôr em ordem seus pensamentos, foque no que EU SOU: *Emanuel, Deus com você*. Enquanto medita nesse jubiloso foco, a apreensão que você tem sobre o dia gradualmente dará lugar a uma alegre confiança.

Tudo posso naquele que me fortalece.
Filipenses 4:13

Não temerá más notícias;
seu coração está firme, confiante no SENHOR.
Salmos 112:7

A virgem ficará grávida e dará à luz um filho,
e lhe chamarão Emanuel, que significa Deus conosco.
Mateus 1:23

> *Garanto que você sempre terá problemas,*
> *mas eles não devem se tornar seu foco.*
> *Quando você se sentir afundanda no mar das circunstâncias,*
> *grite: "Jesus, me ajude!", e eu a puxarei de volta para mim.*

Querido Jesus,
normalmente, garantias são sobre alguma coisa positiva, mas quando se referem a problemas constantes, têm um sabor negativo para mim. Isso lembra um pai dizendo para o filho: "Se você quer chorar, vou dar uma boa razão para chorar!" No entanto, eu te conheço bem o bastante para confiar que teu objetivo não é me ameaçar, mas me ajudar.

Amada, de fato, eu quero ajudar você a tratar com os problemas. Há vários modos errados de lidar com as dificuldades. Algumas pessoas apenas fingem que elas não existem, como o avestruz que esconde a cabeça na areia. Você, no entanto, tende a ir para o outro extremo e se focar nos problemas muito mais do que é necessário. Quando se entrega a essa tendência, você fica ansiosa e desmotivada. Eu a estou treinando a arrancar sua mente dos problemas para, então, conseguir fixar seus pensamentos em mim. Você está progredindo, mas precisa perseverar em dirigir para mim seus pensamentos desobedientes.

Uma das mais desafiadoras situações é quando você enfrenta muitas dificuldades ao mesmo tempo. Você começa a se sentir sobrecarregada, como se sua mente estivesse em alta velocidade, tentando cuidar de tudo ao mesmo tempo. Seus pensamentos ficam pulando amarelinha, saltando de um problema para o próximo, depois girando e pulando para trás outra vez. Se isso continuar por muito tempo, você vai ficar exausta e começar a afundar no turbulento mar de suas circunstâncias. Nesse ponto, sua dor emocional irá alertá-la de que você precisa de ajuda. Em uma fração de segundo você pode clamar: "Jesus, me ajude!", e eu virei resgatá-la. Quando se afastar de seus problemas, eu a puxarei para perto de mim. Enquanto você olha fixamente para mim, seu pânico começa a diminuir e você reconquista alguma sensação de segurança. Conforme você reserva um tempo para desfrutar minha presença, eu a abençoo com minha paz.

Portanto [...] fixem os seus pensamentos em Jesus.
Hebreus 3:1

O Senhor está perto de todos os que o invocam,
de todos os que o invocam com sinceridade.
Salmos 145:18

Pois ele é a nossa paz.
Efésios 2:14

> *Criei você para precisar de mim a cada momento.*
> *Conforme a consciência dessa necessidade cresce,*
> *também cresce sua percepção da minha abundante suficiência.*

Querido Jesus,
quanto mais vivo, mais consciente me torno da minha necessidade. Muitas pessoas, conforme ganham experiência de vida, parecem se tornar cada vez mais confiantes na exatidão de suas opiniões. Por outro lado, estou cada vez mais certa de que meu entendimento é como a ponta de um *iceberg*: o que eu não compreendo é muito maior do que o que eu de fato compreendo. Essa é só uma das áreas em que minha necessidade se torna mais visível para mim.

Amada, reconhecer os limites do seu entendimento é bom, pois pode ampliar seu relacionamento comigo. Você precisa de mim continuamente, não só para as bênçãos e o pão diários, mas também para as inumeráveis decisões que tem de tomar a cada dia. Se tiver mais confiança em seu conhecimento e nas suas opiniões, você poderá se sentir mais confortável. Mas caminhar perto de mim no caminho da vida é muito mais importante do que conforto. Lembre-se de que o caminho que leva à vida é apertado, e são poucos os que o encontram. Por isso, não espere que sua jornada ao longo desse caminho seja fácil.

Ter consciência de sua necessidade a ajuda a receber muitas bênçãos de mim. Quando você vem a mim com sua vasta insuficiência, eu a atraio para perto de mim com minha infinita suficiência. Meu suprimento abundante e sua condição de necessitada se encaixam perfeitamente, mantendo-a conectada a mim de modo íntimo. Quanto mais constante você for ao depender de mim, melhor sua vida será. Eu não apenas irei atender a todas as suas necessidades por meio de minhas gloriosas riquezas, como também irei deleitá-la com a alegria da minha presença. Esse é o modo como quero que você viva: em alegre dependência do seu Deus!

O meu Deus suprirá todas as necessidades de vocês,
de acordo com as suas gloriosas riquezas em Cristo Jesus.
Filipenses 4:19

Entrem pela porta estreita, pois larga é a porta e amplo o caminho que leva à perdição, e são muitos os que entram por ela. Como é estreita a porta, e apertado o caminho que leva à vida! São poucos os que a encontram.
Mateus 7:13,14

Irei ao altar de Deus, a Deus,
a fonte da minha plena alegria [...]
Salmos 43:4

> *Quando você reserva um tempo*
> *para estar em minha presença,*
> *meus pensamentos gradualmente se formam*
> *em sua mente. Meu Espírito é o Diretor desse processo.*

Querido Jesus,
há muitas influências em minha mente! Sou grata por teu Espírito, que infunde vida e paz nela. Se eu não tivesse a ajuda do Espírito, meus pensamentos estariam vagando selvagemente no território do meu cérebro, buscando satisfação. Mesmo assim, meu pensamento é muitas vezes indisciplinado e desobediente. Eu desejo pensar teus pensamentos mais e mais.

Amada, conheço melhor do que você o conteúdo dos seus pensamentos. Sua mente é um campo de batalha espiritual. É por isso que insisto para que você permaneça alerta! No tempo em que reservar para me ouvir, você precisa começar orando por proteção. O maligno é o pai da mentira. Seus enganos podem se esgueirar para sua mente se você baixar a guarda. Quando pedir por proteção, sempre ore em meu nome, porque, na cruz, eu venci completamente o maligno!

Estou alegre com o fato de você desejar pensar meus pensamentos. Após orar por proteção, você deve também pedir que o Espírito Santo ajude-a a ouvir bem. Ele é o Guia da aventura de ouvir. Permaneça alerta enquanto ouve, pronta para rejeitar qualquer coisa inconsistente com a verdade bíblica. Como meus pensamentos se formam de maneira gradual em sua mente, pode ser útil escrevê-los. Agradeça-me por aquilo que você tem recebido e continue a buscar a ajuda do meu Espírito. Não se foque demais em escrever. O processo de me ouvir sob a direção do meu Espírito é mais precioso do que o produto, aquilo que você escreve. Ao passar um tempo com o foco em mim, você ficará não apenas mais perto de mim, mas também mais parecida comigo.

A mentalidade da carne é morte,
mas a mentalidade do Espírito é vida e paz.
Romanos 8:6

Estejam alertas e vigiem. O diabo, o inimigo de vocês,
anda ao redor como leão, rugindo e procurando a quem
possa devorar.
1Pedro 5:8

[O diabo] foi homicida desde o princípio e não se apegou à verdade, pois não há verdade nele. Quando mente, fala a sua própria língua, pois é mentiroso e pai da mentira.
João 8:44

> *Caminhe comigo em santa confiança, respondendo*
> *às minhas iniciativas em vez de tentar*
> *fazer as coisas se encaixarem em seus planos.*

Querido Jesus,

obrigada por tornar clara como água a escolha que tenho de fazer muitas vezes por dia: responder às tuas iniciativas em minha vida *versus* tentar forçar as coisas a se encaixarem nos meus planos. Quando escolho responder, ganho proximidade de ti e acesso imediato a teus recursos. Quando tento encaixar as coisas em meus planos, normalmente fico frustrada e ansiosa. No entanto, a despeito dessas consequências negativas, continuo a sentir um imã me puxando para o caminho do planejamento. Isso sabota meu desejo profundo de andar em teus caminhos, respondendo sinceramente ao que tu planejaste.

Amada, eu me alegro com seu desejo de andar em meus caminhos, mesmo quando seu comportamento não está alinhado com esse desejo. Isso é, de fato, uma questão de confiança. Não há nada errado em fazer planos, mas você não deve confiar neles mais do que em mim.

Estou chamando-a para caminhar comigo em santa confiança. "Santa" significa "separada para uso sagrado". Seu propósito primordial na vida é estar disponível para uso sagrado: pronta para fazer minha vontade. Quando fica tão focada em seus planos a ponto de dificilmente conseguir enxergar algo mais, você se torna indisponível para mim. Se começar a se sentir frustrada ou distante de mim, reserve um tempo para buscar minha face. Abra-se para a minha amável presença. A atração magnética do meu amor irá capacitá-la a resistir à atração do seu hábito de planejar. Isso a libera para responder às minhas iniciativas, unindo-se àquilo que eu já coloquei para funcionar. Pois você é uma criação minha, nascida de novo para fazer as boas obras que lhe preparei de antemão, ou seja, para percorrer os caminhos preparados antecipadamente. Desse modo, você viverá a boa vida que eu pré-arranjei e deixei pronta para você.

Em seu coração o homem planeja o seu caminho,
mas o SENHOR determina os seus passos.
Provérbios 16:9

O SENHOR é bom, um refúgio em tempos de angústia.
Ele protege os que nele confiam.
Naum 1:7

Porque somos criação de Deus realizada
em Cristo Jesus para fazermos boas obras,
as quais Deus preparou antes para nós as praticarmos.
Efésios 2:10

> *Em vez de olhar fixamente para o futuro desconhecido, viva cada momento na alegre consciência da minha presença. Mantenho seu futuro em segurança em minhas mãos. Vou desenrolá-lo diante de você conforme você avançar passo a passo a cada dia.*

Querido Jesus,
eu amo essa imagem. Ela me parece um tapete vermelho sendo desenrolado diante de uma pessoa importante. Sou abençoada por saber que tu tens meu futuro seguro em tuas mãos, liberando-o para mim momento a momento. Ajuda-me a desfrutar a maravilha de tua presença, acessível para mim somente no presente.

Amada, quero ensinar-lhe como passar mais tempo no presente. O futuro, como muitas pessoas o imaginam, não existe de verdade. Eu o mantenho muito distante do alcance de qualquer pessoa. Quando as pessoas olham para o futuro, fazendo predições, estão simplesmente exercitando a imaginação. Somente eu tenho acesso ao que "ainda não é", pois minha existência não é limitada pelo tempo. Conforme você avança pelos dias, um passo após o outro, eu desenrolo o futuro diante de você. Enquanto caminhar pelo tapete vermelho do tempo, você nunca colocará os pés em nada que não seja o momento presente. Reconhecer a futilidade de especular sobre o futuro pode ajudar a libertá-la para viver mais plenamente o hoje. Quanto mais livre você for, mais poderá desfrutar a realidade da minha presença.

226

Tornar-se livre é um processo que exige muito, pois sua mente está acostumada a vagar pelo futuro à vontade. Quando você se perceber envolvida nesse tipo de pensamento, reconheça que está perambulando em uma terra de fantasia. Ser despertada com essa verdade será como se o chão escapasse de seus pés fincados na fantasia. Isso a ajudará a voltar ao presente, para este momento, para o aqui e agora. Com grande expectativa espero por você, pronto para envolvê-la com meu amor leal.

Ninguém conhece o futuro.
Quem lhe poderá dizer o que vai acontecer?
Eclesiastes 8:7

"Eu sou o Alfa e o Ômega", diz o Senhor Deus,
"o que é, o que era e o que há de vir, o Todo-Poderoso".
Apocalipse 1:8

Muitas são as dores dos ímpios,
mas a bondade do SENHOR protege quem nele confia.
Salmos 32:10

> *Viver perto de mim é um caminho*
> *para a contínua novidade. Eu, o Criador do universo,*
> *sou mais criativo do que você pode imaginar.*

Querido Jesus,

amo viver perto de ti. Isso satisfaz profundos anseios em mim. Confesso, porém, que sou uma criatura de hábitos. Quando encontro uma maneira eficaz de me aproximar de ti, aferro-me àquele método, fazendo dele parte da minha rotina. Conforme vou descobrindo outros meios de me aproximar de ti, eu os vou adicionando também à minha rotina. Esse método me ajuda a ser fiel na oração, mas definitivamente não é um caminho de novidade contínua. Eu gostaria de ser mais criativa em meu relacionamento contigo, mas não quero abandonar meus velhos métodos completamente.

Querida, seu desejo de viver perto de mim deleita meu coração. Estou feliz por você estar comprometida em orar por pessoas e situações regularmente. Entendo a tensão que sente entre ser fiel em suas orações e ser criativa. Uma vez que sua mente é caída e finita, você não tem uma criatividade contínua. Sua rotina de oração ajuda você a cobrir uma ampla gama de pedidos sem sobrecarregar seu cérebro. Mas essa eficiência traz consigo um perigo: você pode sonambular durante suas orações regulares. Para evitar que isso ocorra, use a enorme fonte de poder dentro de você: o Espírito Santo. Ele irá ajudá-la a permanecer alerta quando você o convidar a dar vida a suas orações, investindo-as, assim, de poder.

Não estou pedindo que você abandone suas antigas maneiras de orar, mas a *estou* desafiando a procurar novas formas de se comunicar comigo. Você tem muito mais criatividade do que imagina, pois eu a criei à minha imagem e coloquei meu Espírito em você. Quando pensa em modos de me trazer satisfação, eu ando "na ponta dos pés" para mais perto de você. Se você ouvir atentamente, irei sussurrar algumas ideias em sua mente. Buscar maneiras renovadas de ter comunhão comigo irá despertar sua alma e avivar seu relacionamento comigo.

No princípio Deus criou os céus e a terra.
Gênesis 1:1

Orem no Espírito em todas as ocasiões,
com toda oração e súplica; tendo isso em mente,
estejam atentos e perseverem na oração por todos os santos.
Efésios 6:18

Teu amor é tão grande que alcança os céus;
a tua fidelidade vai até às nuvens. Sê exaltado, ó Deus,
acima dos céus! Sobre toda a terra esteja a tua glória!
Salmos 57:10,11

> *Não tema minha vontade,*
> *pois por meio dela eu realizo o que é melhor para você.*
> *Respire profundamente e mergulhe nas profundezas*
> *da absoluta confiança em mim.*

Querido Jesus,
embora eu ore com frequência para que tua vontade seja feita, ocasionalmente temo o que isso possa envolver. Sei que tua vontade às vezes inclui dor. Quando estou sofrendo — física, emocional e espiritualmente —, busco maneiras de aliviar minha dor ou de escapar dela. Isso facilmente se torna meu foco, como se eu ficasse obcecada em resolver meus problemas. Ajuda-me a de fato crer que *teu caminho é perfeito.*

Amada, esse é um bom pedido, mas a resposta não será fácil. É natural que você queira minimizar a dor. No entanto, as respostas naturais com frequência não são as melhores. Em minha Palavra, continuamente chamo você para um viver transcendente: ir além do que é natural para o que é sobrenatural. Minha vontade é muito mais profunda do que seu entendimento. Embora meus caminhos possam ocasionar sacrifício e dor, por meio deles eu realizo, não somente o que é bom para você, mas o que é melhor.

Abaixo da superfície desta vida — completamente além de sua percepção —, há incontáveis conexões entre pessoas e eventos. Coisas que são aparentemente sem sentido para você fazem perfeito sentido quando vistas no quadro todo. Ocasionalmente posso dar aos que me seguem vislumbres do grande quadro, para fortalecê-los e encorajá-los. De modo geral, porém, chamo meu povo para *viver pela fé, e não pelo que vê*. Algumas vezes isso será assustador, como mergulhar em águas tão profundas que parecem não ter fim. Você precisa de confiança absoluta em mim para abrir caminho através de seu medo nessas profundezas desconhecidas. Após mergulhar, porém, seu corpo flutuante irá aos poucos subir para a superfície. Você se mantém nadando até ficar exausta. Quando não conseguir continuar, você começará a afundar. No entanto, um pouco antes de sua cabeça afundar, seus pés tocam algo sólido! Você percebe que minhas mãos estão por baixo de seus pés. *Eu sou seu refúgio e lugar de habitação; para segurá-la estão os braços eternos.*

Este é o Deus cujo caminho é perfeito [...]
Ele é escudo para todos os que nele se refugiam.
2Samuel 22:31

Vivemos por fé, e não pelo que vemos.
2Coríntios 5:7

O Deus eterno é o seu refúgio,
e para segurá-lo estão os braços eternos.
Deuteronômio 33:27

> *Enquanto você espera em minha presença,*
> *faço minha melhor obra dentro de você:*
> *transformo-a pela renovação da sua mente.*
> *Não reduza esse tempo vital comigo.*

Querido Jesus,
quando há trabalho esperando para mim, é um desafio esperar na tua presença. Minha mente ansiosa e ativa quer se lançar aos deveres do dia para que assim eu possa riscá-los da minha lista de afazeres. Luto para lembrar que tua obra é mais importante que a minha. Preciso te dar tempo para me transformar.

Amada, considere a obra que estou fazendo em você. Entre outras coisas, estou renovando sua mente — um trabalho grande! Quando faço brilhar a luz da minha presença em sua mente, as trevas fogem e o engano é desmascarado. No entanto, há muitas fendas em seu cérebro: lugares em que velhos padrões de pensamento costumam se esconder. Meu Espírito em você pode descobrir e destruir esses inimigos, mas ele espera sua cooperação. Talvez você considere esperar em minha presença um uso passivo de tempo, mas, na verdade, isso exige muito esforço. O modo habitual de pensar não morre facilmente. Quando o Espírito brilhar sua luz sobre um padrão nocivo de pensamento, você precisa capturar isso por meio da escrita. Então, traga o registro a mim, para que possamos examiná-lo juntos. Eu irei ajudá-la a encontrar as distorções e a substituí-las por verdade bíblica.

232

Quanto mais você se focar em mim e em minha Palavra, mais você se libertará de pensamentos distorcidos. Muitas das distorções se originam na infância ou de experiências traumáticas que você enfrentou. Com isso, os padrões são profundamente marcados em seu cérebro. Você pode precisar recapturar o mesmo pensamento muitas vezes antes de ganhar o controle sobre ele. Mas todo esse esforço leva a um resultado maravilhoso: liberdade cada vez maior para pensar meus pensamentos e ter profunda comunhão comigo. Espere comigo enquanto eu renovo você de dentro para fora!

Espero no SENHOR com todo o meu ser, e na sua palavra
ponho a minha esperança.
Salmos 130:5

Não se amoldem ao padrão deste mundo,
mas transformem-se pela renovação da sua mente.
Romanos 12:2

Levamos cativo todo pensamento,
para torná-lo obediente a Cristo.
2Coríntios 10:5

> *Quando atravessa o dia com a alegria de uma criança,*
> *saboreando cada bênção, você proclama sua confiança em mim,*
> *seu Pastor sempre presente.*

Querido Jesus,
eu amaria passar meus dias com a alegria de uma criança,
desfrutando cada bênção que tu dás. No entanto, raramente
estou despreocupada. Ah, tenho momentos em que me regozijo em ti e contigo! Eu anseio que esses momentos radiantes,
os quais pontuam o passar de meus dias, se espalhem e envol-
vam cada vez mais minha vida.

Amada, esse é um bom desejo, mas você não pode alcançá-lo
por meio da autodisciplina ou tentando com mais empenho.
Sua habilidade de se regozijar em mim com a alegria de uma
criança flui de seu relacionamento comigo. Pense em tudo o
que significa ter-me como seu Pastor: meu trabalho em tempo integral é zelar por você, cuidar de você. Uma vez que
sou infinito, posso cuidar de você como se fosse minha única
"ovelha". Lembre-se de que sou o Bom Pastor. Quando perigos a ameaçarem, eu jamais a deixarei. Tanto que cheguei ao
ponto de dar minha vida por você. Eu, o Bom Pastor, conheço
minhas ovelhas; e elas me conhecem, assim como o Pai me
conhece e eu conheço o Pai. Considere cuidadosamente, ru-
mine essa maravilhosa verdade enquanto se deita e descansa
nas verdes pastagens.

Para passar um dia em um deleite despreocupado, você
deve confiar em meu amor com a certeza de uma criança.

Embora os montes sejam sacudidos e as colinas sejam removidas, ainda assim minha fidelidade com relação a você não será abalada. Quanto mais você confiar nesse amor leal, mais desfrutará minha presença. Olhe confiantemente para mim enquanto caminhamos juntos, e eu indicarei deleites ao longo da estrada. Conforme você saborear aqueles prazeres, seus momentos radiantes irão se multiplicar na luz de minha presença.

O SENHOR é o meu pastor; de nada terei falta. Em verdes pastagens me faz repousar e me conduz a águas tranquilas.
Salmos 23:1,2

Eu sou o bom pastor; conheço as minhas ovelhas;
e elas me conhecem, assim como o Pai me conhece e
eu conheço o Pai; e dou a minha vida pelas ovelhas.
João 10:14,15

"Embora os montes sejam sacudidos e as colinas sejam removidas, ainda assim a minha fidelidade para com você não será abalada, nem será removida a minha aliança de paz", diz o SENHOR, que tem compaixão de você.
Isaías 54:10

> *A fraqueza humana, consagrada a mim, é como um ímã:*
> *atrai meu poder para dentro dela.*

Querido Jesus,
essa é uma boa notícia! Eu tenho fraqueza em abundância para trazer a ti. Tenho suspeitado há algum tempo que minhas fraquezas são mais proveitosas para ti que minhas forças. Por favor, ensina-me como consagrar tudo de mim a ti.

Amada, esse é um pedido corajoso. Consagrar-se a mim envolve abandonar-se a meu serviço e minha adoração. Você cede a mim o controle da sua vida. Quando consagra as fraquezas a mim, você está me convidando a usá-las como eu desejar, para minha glória e para meus propósitos. Isso exige vulnerabilidade da sua parte: disposição de permitir que aspectos vis de si mesma sejam expostos para escrutínio público. Uma vez que isso vai de encontro ao cerne da natureza humana, você pode precisar se dedicar a mim dia a dia.

Apesar de haver um preço para se consagrar a mim, os benefícios o excedem muito em valor. Quando entrega suas fraquezas a meus propósitos, você se torna um tesouro em meu Reino. Tornando-se totalmente disponível, você garante que sua vida não será desperdiçada: eu irei usá-la para a minha glória! Quando você oferece sua fragilidade para o meu serviço, eu a recebo como um ato sagrado de adoração. Em resposta, envio rapidamente meu poder para você. Meu poder é aperfeiçoado e completo, mostrando-se mais efetivo em sua fraqueza. Além disso, quando você se abandonar a mim, meu poder repousará em você (ver 2Coríntios 42:9).

[...] Irmãos, rogo-lhes pelas misericórdias de Deus que se ofereçam em sacrifício vivo, santo e agradável a Deus; este é o culto racional de vocês.
Romanos 12:1

Consagrem-se, porém, e sejam santos, porque eu sou o Senhor, o Deus de vocês.
Levítico 20:7

Tu, Senhor e Deus nosso, és digno de receber a glória, a honra e o poder, porque criaste todas as coisas, e por tua vontade elas existem e foram criadas.
Apocalipse 4:11

> *Despertei em seu coração um forte desejo de me conhecer.*
> *Esse anseio foi originado em mim,*
> *ainda que agora arda fulgurante em você.*

Querido Jesus,
obrigada por despertar meu coração! Antes de te conhecer, tentei encontrar vida em muitos lugares diferentes. Muitas vezes pensei ter encontrado o que estava buscando, apenas para me desapontar mais tarde. Após me tornar completamente desiludida, tu vieste a mim e me tomaste para tua família. Anos depois, comecei a ter sede de ti, ansiando te conhecer em um nível mais profundo no coração. Reservo tempo para encontrar-me contigo como meu Deus vivo, vibrantemente presente em mim.

Amada, quando você começou sua jornada de me conhecer mais intimamente, eu me regozijei, mas não fiquei surpreso. Eu já a buscava muito antes de você começar sua busca. Eu estava trabalhando em suas experiências de vida bem como em seu coração, sua mente e seu espírito. Seu desejo por uma caminhada mais próxima de mim cresceu a partir do meu esmerado trabalho em você. Iniciei seu anseio por mim, e sua resposta me alegra.

É importante que você me conheça como o Iniciador de nosso relacionamento. Se pensa que são suas disciplinas espirituais que a mantêm perto de mim, você está enganada. Alguns dias você poderá economizar no tempo comigo ou não ser capaz de se concentrar o suficiente. Se está dependendo dos próprios esforços para manter-se próxima a mim, você irá sentir-se distante nessas ocasiões. Mas, se confiar em mim, no que fiz, estou fazendo e irei fazer, saberá que meu amor por você está para sempre assegurado. Assim, você poderá descansar em mim, confiando em meu amor leal, florescendo em minha permanente presença.

Acima de tudo, guarde o seu coração,
pois dele depende toda a sua vida.
Provérbios 4:23

A minha alma tem sede de Deus, do Deus vivo.
Quando poderei entrar para apresentar-me a Deus?
Salmos 42:2

Eu sou a videira; vocês são os ramos.
Se alguém permanecer em mim e eu nele, esse dará muito fruto; pois sem mim vocês não podem fazer coisa alguma.
João 15:5

Eu sou como uma oliveira que floresce na casa de Deus;
confio no amor de Deus para todo o sempre.
Salmos 52:8

> *Pensamentos ansiosos serpenteiam*
> *e se cruzam em sua mente, mas confiar em mim*
> *a traz diretamente para a minha presença.*

Querido Jesus,

meus pensamentos serpenteiam bastante e se emaranham com vários fragmentos de pensamento. Demanda um grande esforço da minha parte *colocar os pensamentos em ordem*, especialmente quando estou ansiosa. Às vezes, quando estou me sentindo exausta, digo alto ou em um sussurro: "Eu confio em ti, Jesus." Isso me tranquiliza e me ajuda a pensar mais claramente.

Amada, você encontrou uma excelente maneira de se tranquilizar. Essa breve declaração muda seu foco de você e seus problemas para mim e meus ilimitados recursos. Sua afirmação de confiança ajuda a lembrar que estou cuidando de você. Isso também a aproxima de mim. Quando tem comunhão comigo face a face, você é livre para expressar todas as suas preocupações. Algumas angústias vão se evaporar assim que você olhar para elas à forte luz da minha presença. Outras permanecerão, mas você se sentirá menos ansiosa com respeito a elas. Confiar que eu a ajudarei a lidar com esses problemas a encoraja e lhe dá esperança.

Lembre-se de que sou seu refúgio, uma fortaleza inabalável. Demonstre sua confiança derramando seu coração diante de mim, expressando todos os sentimentos que brotam de dentro de você. Sou seu ajudador sempre presente: nos momentos bons, nos ruins, em todos os momentos. Sua alma só encontra descanso em mim.

Eu, quando estiver com medo, confiarei em ti.
Salmos 56:3

Então vocês clamarão a mim,
virão orar a mim, e eu os ouvirei.
Jeremias 29:12

Deus é o nosso refúgio e a nossa fortaleza,
auxílio sempre presente na adversidade.
Salmos 46:1

Descanse somente em Deus, ó minha alma;
dele vem a minha esperança. Somente ele é a rocha que me
salva; ele é a minha torre alta! Não serei abalado!
A minha salvação e a minha honra de Deus dependem;
ele é a minha rocha firme, o meu refúgio. Confie nele em
todos os momentos, ó povo; derrame diante dele o coração,
pois ele é o nosso refúgio.
Salmos 62:5-8

> *Ouça-me mesmo quando você estiver ouvindo outras pessoas. Quando elas abrirem a alma para o seu escrutínio, você estará em terra santa. Você precisa da ajuda do meu Espírito para responder de modo apropriado.*

Querido Jesus,
essa é uma área em que realmente quero crescer. Quando as pessoas se abrem comigo, fico tão focada nelas e no que estão dizendo que me esqueço de te ouvir. A heroína latente em mim tenta tomar o controle da situação e resgatar a pessoa. Enquanto estou ouvindo, minha mente está analisando as informações, procurando soluções. O principal problema desse procedimento é que estou confiando em mim mesma, em minhas habilidades, que são totalmente inadequadas.

Amada, é bom que você reconheça sua tendência de bancar a heroína. É ainda melhor que você queira crescer nesse aspecto. Quando as pessoas se abrem com você, você está, de fato, em terra santa. Sua responsabilidade é ouvir e amar. Se você saltar muito alto, tentando resgatá-las, suas pegadas barrentas irão macular o solo santo. Algumas pessoas vão se retrair quando isso ocorrer; outras podem estar feridas demais para perceber que foram violentadas. De qualquer modo, você errou o alvo e desperdiçou uma esplêndida oportunidade.

Para agir de modo efetivo em terra santa, você precisa da ajuda do Espírito Santo. Peça-lhe para pensar, ouvir e amar através de você. Conforme o amor do Espírito brilhar através de você, minha presença curadora vai trabalhar na outra pessoa. Enquanto você continuar a ouvi-la, por vezes eu lhe darei palavras de sabedoria para partilhar. Mas seu principal papel é dirigir a pessoa para mim e para meus recursos ilimitados.

Se seguir essas orientações, você e os outros serão abençoados. Eles serão conectados pela alma ao meu amor leal. Meu Espírito irá fluir através de você com deleite, refrigerando sua alma. Você poderá não se sentir uma heroína, mas sua alma se sentirá satisfeita.

Disse Deus: "Não se aproxime. Tire as sandálias dos pés,
pois o lugar em que você está é terra santa."
Êxodo 3:5

Faze-me ouvir do teu amor leal pela manhã,
pois em ti confio. Mostra-me o caminho que devo seguir,
pois a ti elevo a minha alma.
Salmos 143:8

A minha alma ficará satisfeita
como quando tem rico banquete.
Salmos 63:5

> *Quanto mais consciente estiver da minha presença, mais segura você se sentirá. Isso não é um tipo de fuga da realidade, é estar sintonizada com a realidade suprema.*

Querido Jesus,

tu me entendes maravilhosamente bem! Quando estou consciente da tua presença, sinto-me segura e em paz. Às vezes, no entanto, é difícil lembrar que tu ainda estás no controle deste mundo, especialmente quando assisto aos noticiários na tevê. Há muita distorção naquilo que é apresentado como fato, e tu, invariavelmente, não és considerado. É um enorme desafio manter-me consciente de ti enquanto a mídia me bombardeia com o mal e o cinismo.

Amada, um dos problemas da televisão é que ela põe quem a assiste em uma posição passiva. Se você se depara com alguma coisa perturbadora enquanto está lendo algo, pode parar um pouco e pensar sobre o assunto. Você pode também reservar um tempo para falar comigo sobre aquilo. A televisão, no entanto, envia um constante bombardeio de estímulos sobre você, tornando difícil pensar sobre o que está vendo e ouvindo. Apesar disso, há algumas medidas que você pode tomar para manter-se ligada a mim. Pode orar antes mesmo de ligar a tevê, pedindo-me para ajudá-la a ver as coisas da minha perspectiva. Quando terminar de assistir ao que planejou, reserve um tempo para falar comigo sobre aquilo. Eu irei ajudá-la a readquirir uma cosmovisão bíblica.

Estou, de fato, no controle do mundo. Eu o criei e eu o sustento. Quando está consciente da minha presença, você se sente mais em casa em seu ambiente. Sou sua habitação suprema, e estou lhe preparando um lar nos céus. Também estou continuamente com você na terra. Mesmo que você não possa me ver, a realidade é que sou seu lar, tanto hoje, na terra, quanto eternamente, no paraíso.

Senhor, tu és o nosso refúgio,
sempre, de geração em geração.
Antes de nascerem os montes
e de criares a terra e o mundo,
de eternidade a eternidade tu és Deus.
Salmos 90:1,2

Na casa de meu Pai há muitos aposentos; se não fosse assim,
eu lhes teria dito. Vou preparar-lhes lugar.
João 14:2

Sei que a bondade e a fidelidade me acompanharão
todos os dias da minha vida, e voltarei à casa do Senhor
[e à sua presença] enquanto eu viver.
Salmos 23:6

> *Não há condenação em minha presença,*
> *pois vejo você vestida com a minha justiça.*
> *Saboreie o deleite de sua existência sem culpa.*

Querido Jesus,
sou muito agradecida pelo teu manto de justiça! Quanto mais
te conheço, mais cônscia sou de minha completa injustiça.
Posso facilmente cair presa do ódio por mim mesma se eu focar em todas as coisas nas quais não alcanço o objetivo. Mas
eu me lembro de que tu me vestiste com vestes da salvação,
libertando-me da condenação.

Amada, quero ajudá-la a se ver constantemente do modo
como eu sempre a vejo: deslumbrante com a justiça real. Você
pode achar que é mais fácil se ver desse modo quando vive
à altura de seu padrão de desempenho. Mas você ainda não
viveu à altura do meu padrão, e nunca viverá — nesta vida.
Você precisa da minha justiça tanto nos bons dias quanto nos
ruins. Uma armadilha comum é pensar que você pode ad-
ministrar as coisas sem mim quando elas estão indo bem.
Nessas ocasiões, você pode sentir que não precisa das minhas
vestes reais. Outra armadilha comum é se tornar tão preocupada com seus pecados e fracassos a ponto de se desesperar,
esquecendo-se de que minhas vestes da salvação são suficien-
tes para cobrir todos os seus pecados.

Quero que você desfrute as riquezas de sua salvação: o
deleite da existência sem culpa. Adornei você com o manto
da perfeita justiça quando me tornei seu Salvador. Nada nem

ninguém pode tirar de você aquela veste! Quanto mais constantemente você se vir vestida com as minhas vestes reais, mais poderá se regozijar em minha radiante presença. Você é meu sacerdócio escolhido, pertence a mim para anunciar minhas grandezas. Sou aquele que chamou você das trevas para minha maravilhosa luz!

Agora já não há condenação para os que estão em Cristo Jesus, porque por meio de Cristo Jesus a lei do Espírito de vida me libertou da lei do pecado e da morte.
Romanos 8:1,2

É grande o meu prazer no SENHOR! Regozija-se a minha alma em meu Deus! Pois ele me vestiu com as vestes da salvação e sobre mim pôs o manto da justiça.
Isaías 61:10

Vocês, porém, são geração eleita, sacerdócio real, nação santa, povo exclusivo de Deus, para anunciar as grandezas daquele que os chamou das trevas para a sua maravilhosa luz.
1Pedro 2:9

> *Você pode se sentir segura,*
> *mesmo em meio a mudanças cataclísmicas,*
> *graças à consciência da minha contínua presença.*
> *Aquele que nunca abandona você é o que nunca muda.*
> *Eu sou o mesmo ontem, hoje e para sempre.*

Querido Jesus,
penso que tu estás dizendo o seguinte: uma vez que tu nunca mudas, tenho uma base firme para lidar com quaisquer mudanças que ocorram. Tu és essa base, a rocha sobre a qual posso construir minha vida. No entanto, as catástrofes costumam destruir o que as pessoas construíram. Penso que ainda não estou pronta para enfrentar mudanças cataclísmicas.

Amada, de fato eu sou o firme fundamento sobre o qual você pode construir sua vida. A importância da sua vida não está nas edificações nem em outras coisas que podem ser arrasadas por catástrofes. Apesar de eu querer que você desfrute as bênçãos materiais que lhe dou, você não deve depender delas para se sentir segura. A segurança verdadeira está apenas em mim, não em mim e nas circunstâncias favoráveis. Se você edificar sua vida sobre a rocha da minha presença, nada poderá destruir essa base: ela é invencível! Além disso, a essência do que você é — sua alma — é indestrutível.

Você disse que ainda não está pronta para enfrentar mudanças cataclísmicas. Não espero que você esteja pronta até o momento em que isso de fato ocorra. Mas a estou treinando para confiar em mim o suficiente para crer que pode, com a minha ajuda, lidar com qualquer coisa que aconteça. Lembre-se da minha promessa de que eu nunca a deixarei ou me esquecerei de você. Mesmo que minha presença seja absolutamente garantida, ela renova sua confiança somente quando você está consciente de mim. Estou vibrantemente presente em todos os seus momentos, mas muitas vezes você terá de me buscar. Buscar-me é uma necessidade vital, não um luxo, e você irá me encontrar, se me buscar de todo o coração.

Jesus Cristo é o mesmo, ontem, hoje e para sempre.
Hebreus 13:8

Confiem para sempre no SENHOR, pois o SENHOR,
somente o SENHOR, é a Rocha eterna.
Isaías 26:4

Nunca o deixarei, nunca o abandonarei.
Hebreus 13:5

Vocês me procurarão e me acharão
quando me procurarem de todo o coração.
Jeremias 29:13

> *Sou o Deus tanto dos detalhes intrincados*
> *quanto da abundância transbordante.*
> *Quando você confiar os detalhes de sua vida a mim,*
> *ficará surpresa por ver quão minuciosamente respondo*
> *a suas petições.*

Querido Jesus,
eu me regozijo em tua abundância transbordante! Vez após vez eu tenho vindo a ti pedindo vida, e tu me tens atendido plenamente. Assombra-me que alguém tão imensamente grande cuide dos ínfimos detalhes da minha vida.

Amada, minha infinita abundância me possibilita estar atento a cada minúcia da sua vida. Na verdade, os assuntos pequenos podem levar a grandes consequências; por isso é sábio confiar a mim até as coisas que parecem sem importância. Um modo de fazer isso é buscar me agradar em cada aspecto da sua vida. Isso muda sua perspectiva e me convida a estar você em todos os momentos. Quando você vive o dia com o desejo de me agradar, a sensação de vazio dá lugar a uma abundante plenitude. Coisas a seu redor parecerão resplandecer, pois a luz da minha presença lança um brilho gentil sobre elas. Seus esforços para me agradar nos aproximam e conecta você a minha vontade. Assim, conectada comigo, você pode partilhar do meu jugo suave e confortável e do meu fardo leve e fácil de carregar.

Você recebe muitas bênçãos ao confiar os detalhes da sua vida a mim. Quando faz isso, eu a surpreendo de muitas maneiras: respondo a suas orações generosamente e desperto seu coração para o radiante prazer de viver em união comigo.

O ladrão vem apenas para roubar, matar e destruir;
eu vim para que tenham vida, e a tenham plenamente.
João 10:10

Temos o propósito de lhe [a Cristo] agradar,
quer estejamos no corpo, quer o deixemos.
2Coríntios 5:9

Tu és a minha lâmpada, ó SENHOR!
O SENHOR ilumina-me as trevas.
2Samuel 22:29

Pois o meu jugo é suave e o meu fardo é leve.
Mateus 11:30

251

> *Deixe-me enchê-la com meu amor,*
> *minha alegria e minha paz, dádivas gloriosas*
> *que fluem da minha presença viva.*
> *Apesar de você estar em um vaso de barro,*
> *eu a criei para ser cheia de conteúdo celestial.*

Querido Jesus,
não sou apenas um vaso de barro, mas também um recipiente que vaza. Preciso ser enchida vez após vez. Sem ti, meu vazio é profundo. Por favor, encha-me plenamente com teu amor, com tua alegria e com tua paz.

Amada, venha a mim e demore-se em minha presença. Tenho muito desejo de encher você com dádivas gloriosas, mas isso exige tempo, tempo focado em mim. Não se apresse em minha presença, tentando pegar o máximo de bênçãos que conseguir antes de sair rapidamente. Em lugar disso, fique comigo por um tempo, desfrutando o maravilhoso privilégio de ter comunhão com seu Rei. Enquanto espera em mim, minha vida flui para dentro de você. Eu escolhi enchê-la com a substância celestial, mesmo sendo você um vaso de barro — e, ainda por cima, um que vaza!

Quero que você seja inteiramente minha, enchida até transbordar com meu amor, minha alegria e minha paz. Uma vez que essas dádivas gloriosas vazam de você, você precisa de mim continuamente para sua renovação. Seu estado de necessidade não é um erro ou defeito: ele a mantém buscando por mim, dependendo de mim, comunicando-se comigo.

252

Apesar de você ser um frágil vaso de barro, eu a enchi com o mais precioso tesouro: a divina luz do evangelho. Sua fragilidade humana é necessária para mostrar que esse poder que a tudo excede não provém de você, mas de mim.

Eu sou *Cristo em você, a esperança da glória.* Enquanto a encho com minhas gloriosas dádivas, deixe minha maravilhosa luz brilhar através de você para a vida de outras pessoas.

O fruto do Espírito é amor, alegria, paz, paciência [...].
Gálatas 5:22

Mas temos esse tesouro em vasos de barro,
para mostrar que este poder que a tudo excede
provém de Deus, e não de nós.
2Coríntios 4:7

Cristo em vocês, a esperança da glória.
Colossenses 1:27

Assim brilhe a luz de vocês diante dos homens,
para que vejam as suas boas obras e glorifiquem
ao Pai de vocês, que está nos céus.
Mateus 5:16